Aspectos básicos do espiritismo e sua propagação

SÉRIE PANORAMA DAS CIÊNCIAS DA RELIGIÃO

DIALÓGICA

EDITORA intersaberes

O selo DIALÓGICA da Editora InterSaberes faz referência às publicações que privilegiam uma linguagem na qual o autor dialoga com o leitor por meio de recursos textuais e visuais, o que torna o conteúdo muito mais dinâmico. São livros que criam um ambiente de interação com o leitor – seu universo cultural, social e de elaboração de conhecimentos –, possibilitando um real processo de interlocução para que a comunicação se efetive.

Aspectos básicos do espiritismo e sua propagação

Naura Nanci Muniz Santos

EDITORA intersaberes

Rua Clara Vendramin, 58 | Mossunguê | CEP 81200-170 | Curitiba | PR | Brasil
Fone: (41) 2106-4170 | www.intersaberes.com | editora@editoraintersaberes.com.br

Conselho editorial Dr. Ivo José Both (presidente) | Drª Elena Godoy | Dr. Neri dos Santos | Dr. Ulf Gregor Baranow || *Editora-chefe* Lindsay Azambuja || *Supervisora editorial* Ariadne Nunes Wenger || *Analista editorial* Ariel Martins || *Preparação de originais* Belaprosa Comunicação Corporativa e Educação || *Edição de texto* Natasha Saboredo || *Capa e projeto gráfico* Sílvio Gabriel Spannenberg (*design*) | Wonderful Nature e yoolarts/Shutterstock (imagens) || *Diagramação* LAB Prodigital || *Equipe de* design Sílvio Gabriel Spannenberg | Charles L. da Silva || *Iconografia* Celia Kikue Suzuki | Regina Claudia Cruz Prestes

---

Dados Internacionais de Catalogação na Publicação (CIP)
(Câmara Brasileira do Livro, SP, Brasil)

Santos, Naura Nanci Muniz
    Aspectos básicos do espiritismo e sua propagação/Naura Nanci Muniz Santos. Curitiba: InterSaberes, 2019. (Série Panorama das Ciências da Religião)

    Bibliografia.
    ISBN 978-85-227-0006-6

    1. Espiritismo 2. Espiritismo – Doutrinas 3. Espiritismo – História I. Título. II. Série.

19-24446   CDD-133.901

                        Índices para catálogo sistemático:
1. Espiritismo: Doutrina espírita   133.901

                  Cibele Maria Dias – Bibliotecária – CRB-8/9427

1ª edição, 2019.

Foi feito o depósito legal.

Informamos que é de inteira responsabilidade da autora a emissão de conceitos.

Nenhuma parte desta publicação poderá ser reproduzida por qualquer meio ou forma sem a prévia autorização da Editora InterSaberes.

A violação dos direitos autorais é crime estabelecido na Lei n. 9.610/1998 e punido pelo art. 184 do Código Penal.

SUMÁRIO

9 | Apresentação
12 | Organização didático-pedagógica

15 | **1 Aspectos históricos e princípios do espiritismo**
16 | 1.1 O surgimento do espiritismo: as mesas girantes
19 | 1.2 O codificador Allan Kardec – vida e obra
27 | 1.3 Primeiras noções e termos específicos
34 | 1.4 A construção da doutrina espírita
37 | 1.5 Princípios fundamentais da revelação espírita

50 | **2 Mundo material e mundo espiritual**
52 | 2.1 Deus, a criação do Universo, o espírito e a matéria
57 | 2.2 A gênese orgânica: a formação dos seres vivos e o princípio vital
61 | 2.3 O povoamento da Terra e a pluralidade dos mundos
65 | 2.4 Origem e natureza dos seres inteligentes: corpo físico, espírito e perispírito
68 | 2.5 Encarnação, reencarnação e vida no mundo espiritual
74 | 2.6 A pluralidade das existências e o esquecimento do passado

82 | **3 A comunicabilidade dos espíritos**
83 | 3.1 As diferentes ordens de espíritos: progressão e ocupações dos espíritos
90 | 3.2 A intervenção dos espíritos no mundo corporal e durante a emancipação da alma – no sono e nos sonhos
95 | 3.3 A mediunidade e as diferentes expressões da comunicação mediúnica
107 | 3.4 Os fluidos e seus elementos

116 | **4 A religião espírita e o Evangelho de Jesus**
117 | 4.1 Introdução ao *Evangelho Segundo o Espiritismo*
122 | 4.2 Esclarecimentos gerais e princípios que orientam a doutrina espírita
127 | 4.3 As bem-aventuranças
130 | 4.4 A lei do amor
134 | 4.5 Orientações para a formação do homem de bem
140 | 4.6 As qualidades e a eficácia da prece
148 | 4.7 Espiritismo, uma religião sem rituais nem imagens ou símbolos

156 | **5 A vida futura e a lei de causa e efeito**
156 | 5.1 A influência das ações humanas no futuro espiritual de cada um
162 | 5.2 O sofrimento dos espíritos inferiores e a felicidade dos justos na vida futura
164 | 5.3 Para onde vamos na vida futura?
169 | 5.4 As penas futuras segundo o espiritismo
173 | 5.5 A progressão espiritual por meio de provas, expiações e missões

191 | **6 O movimento espírita no Brasil e os avanços nas pesquisas científicas**
192 | 6.1 A Federação Espírita Brasileira (FEB) e a organização do movimento espírita
203 | 6.2 A religião espírita no cumprimento do lema "Fora da caridade não há salvação"
207 | 6.3 Avanços nas pesquisas científicas que ampliam e comprovam os postulados espíritas
210 | 6.4 A terapia espírita
213 | 6.5 Produção de obras psicografadas por Chico Xavier, Divaldo Pereira Franco e outros autores
218 | 6.6 O espiritismo e o diálogo entre as religiões

228 | Considerações finais
230 | Referências
233 | Bibliografia comentada
235 | Respostas
236 | Sobre a autora

Não há fé inabalável, senão a que possa encarar face a face a razão, em todas as épocas da Humanidade. A fé necessita de base e esta base consiste na inteligência perfeita daquilo em que se haja de crer. Para crer, não basta ver, é, sobretudo, preciso compreender. A fé cega já não é para este século.
Allan Kardec

APRESENTAÇÃO

Este livro apresenta a religião espírita, um dos ramos do espiritualismo. Embora relativamente recente – visto que surgiu na França, em 1857, com a publicação de *O Livro dos Espíritos*, de Allan Kardec –, trata-se de uma doutrina que já apresenta uma literatura considerável.

O espiritismo teve origem nos fenômenos das mesas girantes que ocorreram, simultaneamente, nos Estados Unidos e na Europa. Como esses casos foram motivo de curiosidade geral, eles também despertaram o interesse de cientistas e investigadores. Se no início essas manifestações eram encaradas como simples distração, não demorou muito para que, por meio de uma investigação rigorosa de Allan Kardec, ficasse comprovada a existência de seres inteligentes e invisíveis que as provocavam – mais especificamente, a existência de espíritos de pessoas que haviam vivido na Terra. Pronto. Estava lançada a pedra fundamental da doutrina espírita.

Primeiramente, convém observar que este livro foi elaborado com base nos textos de Allan Kardec que compõem o Pentateuco da Doutrina Espírita: *O Livro dos Espíritos, O Livro dos Médiuns, O Evangelho Segundo o Espiritismo, O Céu e o Inferno* e *A Gênese*.

Tendo em vista essas considerações, no Capítulo 1 apresentaremos a história do espiritismo e de Allan Kardec. Também examinaremos fatos relevantes para a compreensão do tríplice aspecto do espiritismo – ciência, filosofia e religião –, a fim de esclarecer seus princípios essenciais e, assim, demonstrar como se deu sua construção com a participação de inúmeros espíritos, coordenados pelo que se autodenominou *Espírito de Verdade*.

No Capítulo 2, pretendemos proporcionar um primeiro contato com os aspectos básicos do espiritismo àqueles que ainda não conhecem, de fato, essa doutrina. Caso você já a conheça, nosso convite é para que reveja os conceitos trazidos da fonte, isto é, conforme estão descritos nas obras de Allan Kardec.

No Capítulo 3, examinaremos a comunicabilidade dos espíritos, um dos princípios básicos do espiritismo, por meio do intercâmbio mediúnico entre os planos físico e espiritual. Demonstraremos que a doutrina espírita é uma ciência prática e experimental que utiliza a mediunidade em suas diversas formas de expressão, orientando a ação dos médiuns na comunicação com os espíritos. Além disso, também indicaremos as categorias de espíritos, assim como sua interferência na vida cotidiana das pessoas.

Para abordar o aspecto religioso do espiritismo, no Capítulo 4 analisaremos *O Evangelho Segundo o Espiritismo*. Nesse sentido, demonstraremos a crença em Deus dentro dessa doutrina e de que maneira ela é influenciada pelos ensinamentos de Jesus.

No Capítulo 5, versaremos sobre o uso do livre-arbítrio na tomada de decisões, pois estas definem o destino espiritual dos seres humanos, partindo do pressuposto de que a vida do espírito é eterna. Embora tenha inúmeras experiências em múltiplas existências, ao final de cada vida terrena, ou encarnação, o espírito se liberta do corpo físico e vai para a erraticidade, na qual poderá encontrar seus amigos e seus amores, trabalhar, se instruir e progredir. O lugar para onde vai depende da forma como viveu e dos sentimentos que desenvolveu durante a estadia na Terra. Como não existe consequência sem causa, sua felicidade é determinada pelo grau de progresso intelectual e moral atingido.

No Capítulo 6, apresentaremos as contribuições de outros autores para o espiritismo. Após Kardec, inúmeros pesquisadores e estudiosos produziram trabalhos relevantes que comprovam os princípios doutrinários do espiritismo em seu tríplice aspecto.

Outros se dedicaram a contestá-los, o que dá oportunidade ao movimento espírita de reafirmar suas posições e aprofundar estudos para, se necessário, atualizar conceitos à luz das inovações trazidas pelos diversos ramos das ciências, algumas delas brevemente indicadas nesse capítulo.

Ainda no Capítulo 6, elucidaremos o modo como a doutrina espírita se expandiu no Brasil, país em que se encontra seu maior número de adeptos. Reunimos informações de variadas fontes espíritas, a fim de demonstrar as ações do movimento espírita brasileiro, sua organização e, principalmente, a relevância da aplicação de seus preceitos entre a população carente tanto de apoio material quanto espiritual.

Muito mais poderia ser escrito, mas procuramos apresentar, de forma didática, os pontos principais da doutrina espírita, dentro do limite estabelecido para este livro. Estudar o espiritismo não é fácil, mas quem escolhe conhecer as religiões de forma mais aprofundada, assim como você, com certeza saberá aproveitar o conteúdo que oferecemos nesta obra.

Boa leitura!

ORGANIZAÇÃO DIDÁTICO-PEDAGÓGICA

Esta seção tem a finalidade de apresentar os recursos de aprendizagem utilizados no decorrer da obra, de modo a evidenciar os aspectos didático-pedagógicos que nortearam o planejamento do material e como o aluno/leitor pode tirar o melhor proveito dos conteúdos para seu aprendizado.

Preste atenção!
Nestes boxes, você confere informações complementares a respeito do assunto que está sendo tratado.

Importante!
Algumas das informações mais importantes da obra aparecem nestes boxes. Aproveite para fazer sua própria reflexão sobre os conteúdos apresentados.

44 Aspectos históricos e princípios do espiritismo

SÍNTESE
Neste capítulo apresentamos:
- a série progressiva dos fenômenos que deram orig[em ao espiri]tismo, a qual despertou a atenção de cientistas, pe[squisadores] e curiosos;
- a vida do pedagogo Hippolyte Léon Denizard Rivai[l, que passou] a usar o pseudônimo Allan Kardec para diferencia[r as publica]ções referentes à doutrina espírita, realizadas em [conjunto] com os espíritos, de sua vasta obra escrita como [dedicada à] educação;
- os termos específicos criados por Kardec (*espírit*[a e] *espiritismo*) para dar maior clareza à nova doutri[na frente aos] termos existentes, como espiritualista e espirit[ismo, em] razão de seus significados já bem definidos, pod[endo gerar] confusão;

Síntese
Você conta, nesta seção, com um recurso que o instigará a fazer uma reflexão sobre os conteúdos estudados, de modo a contribuir para que as conclusões a que você chegou sejam reafirmadas ou redefinidas.

da evolução;
- Allan Kardec (2013a, p. 125) afirma: "A doutrina d[a reencarna]ção, isto é, a que consiste em admitir para o Esp[írito] existências sucessivas, é a única que correspond[e à ideia que] formamos da Justiça de Deus para com os homens [que se acham] em condição moral inferior". Essa é uma certeza para os espíritas.

INDICAÇÕES CULTURAIS
O FILME dos espíritos, segundo o cinema. Direção: André Ma[rouço e Alexandre] Dubret. Brasil: Paris Filmes 2011. 105 min.

O filme apresenta oito pequenas histórias inspirad[as nas obras] de *O Livro dos Espíritos*, o primeiro livro da codificaçã[o espírita escrito por Kar]na. São episódios que retratam situações do cotid[iano cujas] respostas ou soluções podem ser encontradas com[preendendo os] princípios do espiritismo. Cada um deles tem elenco[, direção,] arte e fotografia específicos.

Indicações culturais
Nesta seção, a autora oferece algumas indicações de livros, filmes ou *sites* que podem ajudá-lo a refletir sobre os conteúdos estudados e que permitem o aprofundamento em seu processo de aprendizagem.

diferentes conflitos existenciais, os quais analisa [a partir do] livro que salvou a sua vida.

ATIVIDADES DE AUTOAVALIAÇÃO
1. Embora visto como forma de entretenimento, [o fenômeno] das mesas girantes tinha também outro objetivo. [Qual era?]
   a) Assustar as pessoas e afastá-las desses tipo de [reuniões.]
   b) Invocar entidades encaradas como malignas.
   c) Chamar a atenção das pessoas para as ma[nifestações] espirituais.
   d) Contatar espíritos de pessoas assassinadas pa[ra informar às] autoridades da época a punir o culpado.
   e) Arrecadar fundos para a pessoa que cedia a [casa para as] reuniões.
2. Leia com atenção o trecho a seguir e preencha a l[acuna:] Os pesquisadores do magnetismo começaram [a estudar] o fenômeno das mesas girantes, a fim de obter [respostas] a seu respeito. Inicialmente, atribuíram o resul[tado]

Atividades de autoavaliação
Com estas questões objetivas, você tem a oportunidade de verificar o grau de assimilação dos conceitos examinados, motivando-se a progredir em seus estudos e a se preparar para outras atividades avaliativas.

Atividades de aprendizagem
Aqui você dispõe de questões cujo objetivo é levá-lo a analisar criticamente determinado assunto e aproximar conhecimentos teóricos e práticos.

Pense a respeito
Aqui você encontra reflexões que fazem um convite à leitura, acompanhadas de uma análise sobre o assunto.

Bibliografia comentada
Nesta seção, você encontra comentários acerca de algumas obras de referência para o estudo dos temas examinados.

ASPECTOS HISTÓRICOS E PRINCÍPIOS DO ESPIRITISMO

Neste capítulo, demonstraremos a origem da doutrina espírita, uma das vertentes do espiritualismo. Para isso, acompanharemos a trajetória de Allan Kardec – o codificador do espiritismo – como pedagogo e estudioso dos fenômenos espirituais que marcaram um período de grande curiosidade com relação às manifestações ostensivas dos espíritos. Por meio dessa abordagem, distiguiremos os diferentes termos que compõem o vocabulário específico da doutrina, como *espiritismo, magnetismo, codificação* e *pentateuco*.

Na sequência, elucidaremos como a doutrina foi construída por meio da metodologia de perguntas e respostas sobre a vida espiritual e o intercâmbio dos vivos com os desencarnados. Foram perguntas que o organizador dessa metodologia apresentou aos espíritos sob a coordenação daquele que se designou como *Espírito de Verdade*.

Dessa forma, proporcionaremos a você, leitor, um contato inicial com os fundamentos básicos, os princípios e os propósitos do espiritismo, entre os quais o principal é a construção de um mundo melhor mediante o progresso moral das criaturas, segundo o lema "Fora da caridade não há salvação".

1.1 O surgimento do espiritismo: as mesas girantes

Foi nos idos de 1844 que uma série de fenômenos estranhos passou a chamar a atenção da população de uma pequena aldeia chamada Hydesville, localizado no condado de Waine, no Estado de Nova Iorque (Estados Unidos). Eram ruídos e pancadas insistentes nas paredes de madeira que, além de incomodarem a vida da família do sr. John Fox, geravam comentários em toda a comunidade. O casal Fox considerava a casa em que vivia "mal-assombrada", pois suas filhas criaram uma brincadeira de conversar com o fantasma usando pancadas ritmadas. Elas batiam e este respondia na mesma cadência.

Foram tão intensas essas manifestações que, em novembro de 1849, as irmãs Fox – Katherine (9 anos) e Margareta (12 anos) –, que demonstravam a faculdade especial de provocar tais situações, fizeram apresentações públicas no Corinthian Hall como forma de entretenimento. Aí já se atribuía uma causa inteligente aos ruídos, e elas chegaram a criar um código para as pancadas, semelhante ao usado pelos telegrafistas (Código Morse).

Estabeleceu-se, assim, a comunicação entre vivos e mortos. Wantuil e Thiesen (2004a, p. 249) relatam que "o comunicante invisível forneceu a sua própria história: fora um vendedor ambulante, que antigos moradores daquela casa assassinaram, havia uns cinco anos, para furtar-lhe o dinheiro que trazia; seu corpo se achava sepultado no porão, a dez pés de profundidade". Para comprovar, os pais das meninas, ajudados por vizinhos, escavaram o local e encontraram alguns ossos. Muitos anos depois, quando a velha moradia desmoronou em razão de um forte temporal, descobriram parte de uma antiga ossada humana emparedada nos escombros do porão.

Como o fenômeno se expandiu rapidamente, alguns interessados em compreender melhor o que acontecia criaram nos Estados Unidos o primeiro núcleo de estudos do espiritualismo moderno, com o uso de um alfabeto adaptado aos toques para compor palavras e dar sentido compreensível ao que os manifestantes espirituais queriam comunicar. Tais fenômenos sempre exigiam a presença de pessoas que apresentavam a capacidade de provocar as manifestações.

Assim surgiram as *table moving* (mesas moventes), também conhecidas como *dança das mesas,* manifestações inteligentes reconhecidas até por figuras religiosas eminentes e divulgadas pela imprensa americana como telegrafia espiritual.

Quase na mesma época, manifestações semelhantes passaram a acontecer na França, na Alemanha, na Inglaterra e na Rússia, despertando a atenção de curiosos, estudiosos e cientistas europeus.

As mesas girantes se tornaram uma febre na sociedade europeia, um passatempo que distraía ricos e pobres ansiosos em consultar os espíritos sobre frivolidades. Eles usavam uma pequena cesta com um lápis preso ao seu bico e colocavam as letras do alfabeto ao redor, sendo necessário ao menos um operador para tocar, levemente, os dedos na borda da cestinha. Feita a pergunta, a cesta corria, apontando as letras para formar palavras.

Na Europa, pesquisadores do **magnetismo**, um recurso médico bastante difundido na época e usado para a cura de diversas doenças, começaram a investigar o fenômeno das mesas girantes. Inicialmente, atribuíram o resultado obtido ao fluido magnético dos participantes, uma espécie de eletricidade humana que estava sendo estudada no meio acadêmico na época.

> **PRESTE ATENÇÃO!**
> O magnetismo foi uma técnica criada no início do século XVI por Paracelso (1493-1541). Ele descobriu que o magnetismo humano apresenta propriedade de atração muito parecida com a do ímã e que é possível um organismo sadio, devidamente preparado, transmitir forças magnéticas para alguém doente. Sua teoria, respaldada por inúmeras experiências de sucesso, foi retomada e aprofundada pelo médico austríaco Franz Anton Mesmer (1733-1815), considerado herdeiro desse método de trabalho.
> Mesmer demonstrou que a eletricidade humana é capaz de fazer objetos se movimentarem pela sua força mecânica. Sua técnica, denominada *mesmerismo*, tinha muitos adeptos, chamados *magnetizadores*, que aplicavam a **força oriunda** do fluido magnético humano ou fluido vital como agente terapêutico para a cura, especialmente nos casos de doenças psicossomáticas. Utilizando a imposição das mãos ou a aplicação do toque com o propósito de fortalecer o fluido vital debilitado, ocorria a recuperação do funcionamento dos órgãos. Muitos magnetizadores foram preparados para aplicar a técnica de Mesmer, contribuindo para a divulgação e aceitação do magnetismo.

Com base em estudos e experiências consagradas, as manifestações espirituais que ocorriam nas mesas girantes foram inicialmente atribuídas ao magnetismo. Além dessa questão, levantou-se a seguinte hipótese: as respostas seriam fruto de pequenos movimentos intencionais do operador. Isso foi logo rejeitado porque se concluiu que seria impossível combinar as respostas se as perguntas eram feitas naquele exato momento. Isso intrigava os mais desconfiados e atentos.

Mais tarde, a hipótese de as mesas girantes serem uma nova forma de aplicação do magnetismo foi descartada, pois elas respondiam corretamente às questões apresentadas. Muitos grupos passaram a se reunir e organizar sessões com a finalidade de esclarecer o assunto, e delas participavam tanto curiosos quanto sérios investigadores e estudiosos. Entre eles estava o pedagogo e magnetizador Hippolyte Léon Denizard Rivail (1804-1869), mais conhecido como Allan Kardec, cuja história contaremos a seguir.

1.2 O codificador Allan Kardec – vida e obra

Nesta seção, discorreremos um pouco sobre a vida e a obra de Allan Kardec, pseudônimo adotado pelo pedagogo Hippolyte Léon Denizard Rivail em suas obras sobre o espiritismo.

Nascido em Lyon no dia 3 de outubro de 1804, Rivail era filho do magistrado e juiz Jean-Baptiste Antoine Rivail e da senhora Jeanne-Louise Duhamel, moça de família católica que foi orientada por princípios éticos e morais elevados.

A seguir, demonstraremos como foi o percurso educacional desse importante autor.

1.2.1 Vida escolar

Quando criança, Rivail frequentou a Escola Básica em Lyon; porém, ao completar dez anos, foi levado pelos pais para o Instituto Pestalozzi – localizado na cidade de Yverdon, na Suíça –, considerado uma escola-modelo por toda a Europa. Lá prosseguiu com seus estudos por anos, em regime de internato, tornando-se mais tarde pedagogo e escritor de livros didáticos. Posteriormente, foi o responsável pela organização dos livros básicos do espiritismo, como veremos mais adiante.

Para entender os princípios de vida de Rivail, precisamos identificar os principais mestres que o influenciaram. Como mencionamos, ele estudou no Instituto Pestalozzi, dirigido pelo célebre educador suíço Johann Heinrich Pestalozzi (1746-1827), conhecido no meio educacional pela criação e uso de uma metodologia inovadora, cujos princípios eram a valorização do esforço pessoal, da autonomia e da liberdade para o estudante buscar o conhecimento por si mesmo, de acordo com as próprias condições de desenvolvimento e interesse. Em síntese, esse método respeitava as diferenças individuais e o ritmo de cada aluno.

Como Pestalozzi era intuitivo e defensor da descoberta por questionamentos, não da repetição e da memorização, os conceitos eram trabalhados partindo-se dos mais simples para os mais complexos, assim como de situações concretas para se chegar à abstração.

Em razão de sua abordagem metodológica, Pestalozzi foi considerado "o educador da humanidade", tamanha a sua influência na educação. Wantuil e Thiesen (2004 a, p. 35) destacam que ele costumava afirmar que "a intuição é a fonte de todos os nossos conhecimentos".

A sólida formação moral e intelectual de Rivail foi recebida de Pestalozzi, que, por sua vez, colocava em prática as ideias do mestre Jean-Jacques Rousseau (1712-1778), considerado o pai da democracia moderna e renovador do sistema político e social de sua época. Sua proposta de educação e de sociedade está descrita em duas obras clássicas da sociologia e da educação, publicadas em 1762: *O contrato social* e *Émile* (*O Emílio*)

O Contrato Social

Nessa obra, Rousseau trata das relações sociais e da liberdade interior, sobretudo da igualdade e do respeito; nega o direito do mais forte sobre o mais fraco; defende os direitos individuais e coletivos; e afirma que o homem nasce livre e é o construtor do próprio destino – tendo em vista as oportunidades que o meio lhe oferece mediante um contrato entre os integrantes do grupo social, definido pela maioria.

Émile

Escrito em estilo de romance e com base na premissa de que o homem é bom por natureza, mas a sociedade o corrompe, esse livro esclarece que a criança não nasce boa ou má, isolada da sociedade, nem o professor a educa de forma a manter sua pureza. Tendo em vista essa perspectiva, Rousseau afirma que o homem natural precisa ser preservado, assim como a intuição da criança deve ser considerada no processo educativo, visto que ela representa o fundamento da instrução. Além disso, o autor defende que a educação começa no nascimento, mesmo antes de a criança falar; e nega o pecado original.

Esses ideais humanistas e princípios educativos de Rousseau eram a base da escola de Pestalozzi. O programa de dez horas diárias de estudo – com professores que se revezavam em aulas de uma hora, tendo um pequeno intervalo entre elas – contava com as disciplinas de História, Sociologia, Matemática, Literatura, Gramática, Música, Desenho, Ciências Naturais (como Biologia, Anatomia, Mineralogia e Zoologia), Geografia e Artes. Podemos perceber que a proposta era bastante abrangente e não desprezava nenhuma área do conhecimento humano. Além disso, o programa contemplava o estudo de diversas línguas, como grego, latim, italiano, francês, inglês e alemão.

Os alunos, oriundos de diferentes países, tinham muita liberdade: havia estudantes tanto em regime de internato quanto de externato, e não havia portaria para mantê-los na escola; eles escolhiam as atividades de acordo com seus interesses e capacidades individuais; as aulas eram ministradas em salas ambiente – quem se deslocava eram os aprendizes (alguns atuando como monitores); o método era heurístico – isto é, aprendizado por meio de perguntas; e o esforço pessoal era muito valorizado. Enfim, tratava-se de propostas que ainda hoje são consideradas inovadoras.

Este breve resumo pretende demonstrar como o futuro organizador do espiritismo – que sempre foi muito dedicado aos estudos – recebeu aprimorada formação acadêmica do mestre Pestalozzi, cujas ideias o influenciaram de maneira significativa.

No Instituto Pestalozzi, foram fornecidas a Rivail as bases norteadoras de sua vida, as quais possibilitaram que ele se tornasse poliglota e professor, de moral elevada e crente na capacidade do ser humano de se superar por esforço próprio e de melhorar suas condições de vida, bem como as do meio em que vive.

Apresentamos os detalhes da formação acadêmica de Rivail para esclarecer seu perfil e seu rigor metodológico nos trabalhos que temos como foco. Essa formação o tornou um idealista, um humanista voltado ao bem comum e um cientista curioso, metódico e organizado.

1.2.2 Rivail como profissional da educação

Como mencionamos, Rivail recebeu sólida formação escolar, o que lhe permitiu iniciar a vida profissional muito cedo, em Paris. Em 1823, com apenas 18 anos de idade, lançou seu primeiro livro, em dois volumes, intitulado *Curso prático e teórico de Aritmética*. A obra obteve grande sucesso (e inúmeras edições em anos posteriores) em razão da apresentação clara da disciplina, com exemplos associados à vida cotidiana dos estudantes, o que hoje aprendemos a designar como *contextualização*. Depois vieram muitos outros livros, entre os quais estão *Memórias sobre a instrução pública*, *Gramática francesa clássica* e *O sistema de estudos*[1] – obras em harmonia com as necessidades da época. Em 1828, Rivail publicou *Plano para a educação pública*, contendo contribuições para a reforma de ensino francesa. Assim, conforme salientam Wantuil e Thiesen (2004a, p. 224),

> Antes que o Espiritismo lhe popularizasse e imortalizasse o pseudônimo Allan Kardec, já havia Rivail firmado bem alto, no conceito do povo francês e no respeito de autoridades e professores, a sua reputação de distinguido [sic] mestre da Pedagogia moderna, com o seu nome inscrito em importantes obras biobibliográficas.

De perfil otimista e adepto dos ideais republicanos difundidos na França – liberdade, igualdade e fraternidade –, durante toda a vida Rivail se dedicou à educação, acreditando que por meio dela seria possível melhorar o mundo. Inicialmente, em 1825, fundou e dirigiu a Escola de Primeiro Grau, em Paris, e no ano seguinte fundou o Instituto Técnico Rivail, em sociedade com um tio materno. No instituto, criado à semelhança da escola em que estudou, reproduziu a metodologia e os princípios de Pestalozzi, os quais valorizavam a observação natural da criança e sua curiosidade, a construção de regras próprias de convivência e a busca por explicações lógicas para os fatos, partindo-se do simples para o complexo e do concreto para o abstrato.

Em 1832, Rivail se casou com a professora Amélie Gabrielle Boudet, sua doce Gabi, formada em Letras e Belas Artes e detentora de aprimorada educação e princípios morais. Professora de classes iniciais e companheira dedicada, Amélie sempre colaborou em todas as atividades do marido. Rivail trabalhou muito,

---

1 Obra premiada pela Real Academia de Ciências de Arrás.

acompanhado de sua esposa, lecionando e dirigindo sua instituição de ensino, fiel às convicções pedagógicas que davam sentido à sua vida e recebendo com a mesma atenção tanto os alunos pagantes quanto os bolsistas. Seus biógrafos costumam afirmar que ele adotou, com sucesso, o sistema de monitoria, da mesma maneira que praticou em Yverdon: alunos mais adiantados ensinavam os inexperientes por meio de inúmeras propostas que satisfaziam a curiosidade e desenvolviam o interesse do aprendiz pela investigação, levando-o à atenção plena, à associação de ideias e à memória raciocinada.

O Instituto Rivail foi um sucesso: nele os professores agiam como mediadores do conhecimento, facilitando aos alunos o acesso aos conteúdos de forma livre, embora orientada. Entretanto, em 1834, Rivail foi obrigado a vendê-lo para pagar o tio, que desejava sair da sociedade porque estava envolvido em grandes dívidas de jogo. A transação lhe rendeu uma pequena fortuna, a qual entregou a um amigo investidor para aplicação. Porém, poucos meses depois, este faliu e o deixou sem recursos financeiros.

Para conseguir se manter, Rivail passou a trabalhar como contador durante o dia, e à noite, junto com a esposa, produzia livros, textos pedagógicos e traduções de obras alemãs e inglesas.

PRESTE ATENÇÃO!
Rivail organizava e oferecia, na própria casa, cursos gratuitos de Química, Física, Anatomia etc. Além disso, sempre demonstrou preocupação com o ensino de meninas e moças, pois naquele tempo isso não era considerado importante – poucas estudavam.

Rivail se dedicou ao magistério durante 30 anos, o que o levou a ser conhecido e respeitado no meio intelectual como autor de sucesso. Seus livros foram adotados pela Universidade de França, por escolas secundárias e cursos livres, o que permitiu a ele e a esposa viver com simplicidade, mas confortavelmente.

1.2.3 Rivail como magnetizador

Além de professor e escritor, Rivail também atuou como magnetizador. Para desenvolver tal atividade, ele precisou estudar bastante e desvendar os fundamentos dessa ciência praticada desde a Antiguidade na Índia, no Egito, na Grécia e em Roma.

Em alguns períodos, tal prática ocorreu de forma secreta, em templos e locais escondidos por sacerdotes e místicos; em outros, foi usada por missionários para alívio das aflições e doenças. Ainda assim, foi no final do século XVIII e nas primeiras décadas do século XIX que, com o nome de *hipnotismo*, essa prática foi realmente alardeada, embora ainda sofresse preconceitos e desconfiança.

Muitos médicos aplicaram suas técnicas, em especial no tratamento de doenças psíquicas e de histeria, entre os quais podemos citar o Marquês de Puységur, o sábio naturalista Deleuze e o médico Barão de Potet. Na França havia tantos interessados e praticantes dessa ciência que foram fundadas associações para congregá-los, como a Sociedade de Magnetismo de Paris, da qual Rivail participava e onde se encontrava com ilustres associados, dedicados a investigar e praticar o magnetismo, o sono hipnótico ou sonambulismo artificial (provocado).

Em 1823, Rivail iniciou seus estudos sobre o magnetismo, ao qual passou a dedicar, de acordo com Wantuil e Thiesen (2004a, p. 115),

> parte do seu tempo, mas sem prejuízo de suas tarefas educacionais, no estudo criterioso e equilibrado, teórico e prático, de todas as fases ou graus do sonambulismo, testemunhando muitos prodígios, provocados pela ação do agente magnético.

Para a aplicação do agente magnético, também denominado *fluido vital* ou *eletricidade animalizada*, era preciso um magnetizador para provocar o fenômeno e a presença de um **sonâmbulo** ou **sensitivo**[2], isto é, uma pessoa com uma espécie de dom natural que, diante da ordem do seu condutor, cai em estado letárgico e vê, fala ou escreve o que lhe é solicitado. No caso da saúde física, o sensitivo tem a capacidade de ver o órgão doente e até de indicar o remédio para o mal.

IMPORTANTE!

Alguns sonâmbulos não precisam de magnetizador: seu dom é natural, portanto, não precisa ser provocado. Há casos em que a clarividência sonambúlica é tão intensa que o sensitivo descreve locais, objetos e pessoas com extrema clareza e detalhes minuciosos. Eles também podem perceber sentimentos e situações vividas pelo indivíduo, mesmo a distância – são os casos de **dupla vista**, os quais abordaremos mais adiante.

Após muito estudar e participar de sessões terapêuticas de magnetismo, Rivail se tornou também magnetizador, com a convicção de que nada havia de sobrenatural nessa prática, sendo a hipnose apenas uma forma de sugestão aplicada por um sensitivo. Ele mesmo, em 1852, sofreu um sério problema de visão – que quase o levou à cegueira – e procurou uma sonâmbula, a qual o curou antes de completar três meses de tratamento.

Foram essas atividades e as discussões delas decorrentes, em diferentes espaços e sociedades, que deram início ao **espiritualismo moderno**, como já vinha acontecendo nos Estados Unidos e em outros países da Europa. O médico Jules Du Potet, continuador das ideias de Mesmer e dirigente da Escola Naturista, estava entre esses

---

2 Pessoa sujeita à ação magnética.

investigadores. Rivail era um dos estudiosos que com ele aprendia, ao lado de muitos outros magnetizadores, entre os quais estava o sr. Fortier, responsável pelo primeiro contato de Rivail com as mesas girantes ou falantes.

1.3 Primeiras noções e termos específicos

Enquanto alguns pesquisadores estavam interessados nas causas físicas dos movimentos das mesas (o magnetismo), outros buscavam as razões inteligentes que geravam o movimento (os espíritos), as quais intrigavam a sociedade parisiense da época.

Em 1854, Rivail encontrou o amigo e magnetizador Fortier, que comentou sobre as mesas girantes e afirmou que elas davam respostas inteligentes às questões formuladas. A primeira reação do ponderado professor foi negar essa possibilidade. No entanto, o amigo insistiu na informação de que havia um ser inteligente respondendo às perguntas, o que intrigou bastante Rivail, cujo racionalismo levava a duvidar dessa hipótese. Assim, embora a questão tenha se tornado objeto de suas cogitações, ele mantinha sua desconfiança em relação a tal possibilidade.

Em dezembro de 1854, Rivail acompanhou Fortier até a casa de uma sonâmbula, a sra. Roger, onde haveria uma **sessão de sonambulismo**[3]. Conforme explicamos anteriormente, era comum o uso de pessoas dotadas desse dom especial para que o fenômeno ocorresse. Na casa da sra. Roger, eles encontraram o sr. Pâtier e a sra. Plainemaison, que confirmaram as informações fornecidas por Fortier e convidaram Rivail para assistir à reunião. Ele aceitou o convite, embora ainda desconfiado.

---

3 Reuniões em que ocorriam as manifestações das mesas.

A experiência na casa da sra. Roger surpreendeu Rivail, mas não abalou sua crença de que o movimento das mesas ocorria por efeito da ação magnética decorrente do fluido universal. Pouco tempo depois, outro amigo de muitos anos, o sr. Carlotti, retomou o assunto com entusiasmo, afirmando que havia, sim, uma inteligência comandando o fenômeno. A curiosidade de Rivail foi aguçada e, como estudioso, ele ficou muito interessado em comprovar, por si mesmo, o fenômeno.

IMPORTANTE!

Nas sessões de sonambulismo, os espíritos se manifestavam por meio do movimento das mesas e mediante duas condições: as presenças de um sonâmbulo e de um magnetizador.

No dia 1º de maio de 1855, Rivail presenciou a evocação do espírito de uma pessoa recém-falecida, a pedido do sr. Pâtier. A sensitiva afirmou que o espírito estava presente e o descreveu com detalhes precisos, embora não o houvesse conhecido quando vivo. Ele respondeu a questões que Rivail fizera apenas em pensamento, e isso o emocionou. Foi o primeiro passo para Rivail começar a aceitar que, de fato, as almas dos mortos podiam entrar em contato com os vivos por meio do sonambulismo.

Na semana seguinte, Rivail levou a esposa à sua primeira sessão de mesas girantes, na casa da sra. Plainemaison: as mesas giraram, correram e saltaram, respondendo questões com toques convencionados que representavam "sim" e "não". Outro fenômeno também ocorreu: algumas palavras foram escritas em um quadrinho de pedra ardósia, com um lápis também de pedra preso ao bico de uma cestinha de vime, chamada *carrapeta* ou *tupia*.

Rivail se tornou assíduo frequentador dessas reuniões, pois queria esclarecer a si mesmo, por meio de observação e comparação, como se dava o fenômeno das mesas girantes ou falantes que presenciava. Finalmente, pelas evidências constatadas, ficou convencido de que eram as almas dos mortos se manifestando.

Dessas reuniões participavam muitas pessoas, entre elas a família Baudin, que também realizava sessões em sua casa. Convidado, Rivail passou a participar também dessas reuniões, cujas sensitivas eram a sra. Clémentine Baudin – a anfitriã – e suas filhas. A atuação da cesta dependia da presença da senhora ou das duas mocinhas: Caroline, de 18 anos, e Julie, de 15 anos – principalmente da primeira.

No dia 1º de agosto de 1855 o atento professor Rivail, pela primeira vez, assistiu a manifestações escritas, com respostas bem estruturadas. As sensitivas colocavam os dedos na borda da cestinha, na qual havia um lápis preso com a ponta para baixo. Como eram duas pessoas operando a cesta, ele descartou a possibilidade de as respostas serem fruto de combinação entre elas. As perguntas e respostas eram bem simples, uma brincadeira – às vezes, eram conselhos para alguém presente. O espírito que as respondia já havia se identificado como Zéfiro (ou Zéphir) e se dizia protetor da família Baudin.

A presença de Rivail passou a ser constante nessas sessões. No entanto, ele era um observador atento e frio, que tomava notas enquanto os curiosos buscavam apenas divertimento. Aos poucos, e já convencido de que realmente havia uma inteligência externa – um espírito se manifestando –, passou a levar uma série de questões sobre assuntos que lhe interessavam, como filosofia e psicologia. Muitas foram as mensagens recebidas: algumas eram de instrução moral (direcionadas a todos); outras, de caráter pessoal. E Zéfiro respondia Rivail seriamente em meio às indagações corriqueiras e levianas dos demais.

Cada vez mais interessado, o pesquisador sugeriu que as reuniões se organizassem com finalidade mais séria, com data e horário estabelecidos e número limitado de participantes. Os espíritos comunicantes foram consultados e aprovaram a proposta. Feito isso, Rivail passou a elaborar perguntas sobre o **mundo dos espíritos** e a **realidade espiritual**, já antevendo um objetivo maior para as comunicações.

> **Preste Atenção!**
>
> No livro *O que é o Espiritismo*, Allan Kardec registrou suas primeiras impressões referentes ao fenômeno das mesas girantes:
>
> Foi aí [nessas reuniões] que fiz os meus primeiros estudos sérios em Espiritismo, menos ainda por meio de revelações que de observação. Apliquei a essa nova ciência, como até então o tinha feito, o método da experimentação; nunca formulei teorias preconcebidas; observava atentamente, comparava, deduzia consequências; dos efeitos procurava remontar às causas, pela dedução, pelo encadeamento lógico dos fatos, não admitindo como válida uma explicação, senão quando ela podia resolver todas as dificuldades da questão. Foi assim que procedi sempre em meus trabalhos anteriores, desde a idade de 15 a 16 anos. Compreendi, desde o princípio, a gravidade da exploração que ia empreender. Entrevi nesses fenômenos a chave do problema tão obscuro e tão controvertido do passado e do futuro, a solução do que havia procurado em toda a minha vida; era, em uma palavra, uma completa revolução nas ideias e nas crenças; preciso, portanto, se fazia agir com circunspeção, e não levianamente; ser positivista, e não idealista, para não me deixar arrastar pelas ilusões. (Kardec, 2016a, p. 13)

Como um estudante dedicado, Rivail organizou suas questões de acordo com o método científico ao qual estava acostumado (observação, comparação e dedução), dissecando os assuntos levados à consulta. Diante das inúmeras questões levantadas, o resultado foi se avolumando e, consequentemente, ganhou um corpo de doutrina, com revelações e ensinamentos dos espíritos que não serviam apenas para esclarecer os participantes, tendo em vista seu caráter geral. Muitos espíritos se manifestaram, identificando-se e respondendo com propriedade às perguntas. A lógica e a coerência que Rivail encontrou nas respostas fizeram-no perceber que ali estava a possibilidade de elaborar um texto básico sobre o intercâmbio entre os homens e os espíritos – assunto que o empolgava –, o qual comprovaria a existência de um mundo espiritual paralelo ao mundo material e a possibilidade de comunicação entre os dois mundos por meio de intermediários, os quais denominou **médiuns**.

A permanente observação e a participação nas reuniões permitiram-lhe concluir ainda que havia grande diversidade no teor das comunicações dos espíritos: algumas eram muito simples, em linguagem coloquial; outras apresentavam alto valor filosófico. Isso demonstrou que os espíritos comunicantes se assemelham aos homens: nem todos são sábios e letrados (alguns são fúteis e fanfarrões); e cada um se comunica de acordo com o próprio nível de evolução. Essa constatação reforçou sua convicção de que todas as comunicações precisavam ser analisadas com muita seriedade antes de serem divulgadas como verdades. Sua regra sempre foi observar, analisar, comparar e julgar.

A primeira manifestação diretamente para Rivail foi em sua casa, quando trabalhava no gabinete organizando mensagens mediúnicas e ouviu pancadas. Levantou-se, observou os dois lados da parede de onde viera o ruído, mas nada encontrou e voltou a escrever. Isso se repetiu algumas vezes, mas os sons sempre cessavam quando se movimentava para procurar a causa. Até sua esposa tentou ajudar, mas ambos desistiram e foram dormir. No dia seguinte, relatou o ocorrido na sessão com o sr. Baudin e escreveu sua pergunta. A resposta foi que era seu **espírito familiar** tentando se comunicar. Rivail pediu para ele se identificar, e este respondeu: "Para ti, chamar-me-ei A Verdade e, todos os meses, aqui, durante um quarto de hora, estarei à sua disposição" (Kardec, 2017, p. 334).

> **IMPORTANTE!**
>
> Em uma das reuniões, o espírito Zéfiro revelou ao professor Rivail que ambos haviam sido amigos em existência anterior, nas Gálias, e que naquele tempo seu nome era **Allan Kardec**. Rivail decidiu adotar esse antigo nome como pseudônimo nos textos elaborados com a participação dos espíritos que pretendia publicar, diferenciando-os de suas obras pedagógicas destinadas ao ensino secundário e superior.
>
> Assim surgiu Allan Kardec, o codificador da doutrina espírita. Dizemos *codificador* porque ele foi o responsável pela organização e publicação das revelações dos espíritos, contidas em mensagens obtidas por meio de diferentes médiuns, as quais resultaram nos fundamentos do espiritismo.

O termo *espiritismo* foi criado por Allan Kardec (2013d, p. 13), que assim o justificou:

> Para se designarem coisas novas são precisos termos novos. Assim o exige a clareza da linguagem, para evitar a confusão inerente à variedade de sentidos das mesmas palavras. Os vocábulos *espiritual, espiritualista, espiritualismo* têm acepção bem definida. Dar-lhes outra, para aplicá-los à doutrina dos Espíritos, fora multiplicar as causas já numerosas de anfibologia. Com efeito, o espiritualismo é o oposto do materialismo. Quem quer que acredite haver em si alguma coisa mais do que matéria, é espiritualista. Não se segue daí, porém, que creia na existência dos Espíritos ou em suas comunicações com o mundo visível. Em vez das palavras *espiritual,*

> *espiritualismo*, empregamos, para indicar a crença a que vimos de referir-nos, os termos *espírita* e *espiritismo*, cuja forma lembra a origem e o sentido radical e que, por isso mesmo, apresentam a vantagem de ser perfeitamente inteligíveis, deixando ao vocábulo *espiritualismo* a acepção que lhe é própria. Diremos, pois, que a Doutrina **Espírita** ou o **Espiritismo** tem por princípio as relações do mundo material com os Espíritos ou seres do mundo invisível. Os adeptos do espiritismo serão os **espíritas**, ou, se quiserem, os **espiritistas**. (Kardec, 2013d, p. 13, grifo do original)

Kardec fez questão de iniciar sua obra escrita com o esclarecimento de que o espiritismo era uma nova doutrina e, portanto, requeria novos termos, com especificidades bem definidas.

IMPORTANTE!

De acordo com a própria recomendação de Kardec, não se deve afirmar que ele foi o fundador do espiritismo ou que há uma doutrina kardecista, e sim um corpo doutrinário específico ditado pelos espíritos – o espiritismo ou doutrina dos espíritos – que veio confirmar a imortalidade da alma (sua sobrevivência após a vida terrena) e esclarecer as relações do mundo material com o mundo invisível.

Por isso, não se deve usar a expressão *espiritismo kardecista*, pois o espiritismo, sem adjetivos, é um só. A Kardec coube a missão de organizar e compilar as revelações dos espíritos sobre a comunicabilidade dos espíritos.

Como codificador, conforme mencionamos, Kardec reuniu as informações trazidas pelos espíritos superiores e as transformou em um código doutrinário. Esse código, posteriormente, por estar contido em cinco volumes, passou a ser denominado **Pentateuco da Doutrina Espírita**, **Pentateuco da Codificação Kardequiana** ou **Codificação Espírita**.

1.4 A construção da doutrina espírita

Durante o ano de 1856, em poucos meses de dedicação intensa, Allan Kardec participou de sessões quase diárias, alternadas entre a casa da família Baudin, com as jovens Caroline e Julie Baudin – suas principais médiuns na composição do primeiro livro –, e a do sr. Japhet, cuja intermediária era a senhorita Ruth Japhet. Foi por intermédio dessa médium que Kardec recebeu, pela primeira vez, informação sobre a tarefa que viria a desempenhar.

As reuniões eram organizadas com seriedade e respeito, número limitado de participantes, horário preestabelecido e prece inicial invocando a proteção do guia espiritual para o médium e para o espírito a se manifestar. Elas tinham como objetivos o estudo e o esclarecimento de assuntos de ordem filosófica e religiosa, todos relacionados ao intercâmbio entre os homens e os seres espirituais e, invariavelmente, voltados para o desenvolvimento moral. Nesse processo, foram diminuindo as manifestações físicas e aumentando as comunicações escritas e faladas.

Kardec se propôs a elaborar as perguntas que seriam respondidas pelos espíritos. Por esse motivo, sempre se designou colaborador/coordenador dos ensinamentos ditados pelos espíritos, reforçando o tríplice aspecto do espiritismo: ciência, filosofia e religião. Ele colheu e organizou, com lógica e coerência, grande número de comunicações por intermédio de mais de dez médiuns. Essas questões foram submetidas à análise de mais de um espírito, resultando na primeira e mais importante obra da doutrina nascente, *O Livro dos Espíritos*, lançada em 18 de abril de 1857.

Segundo Wantuil e Thiesen (2004b, 287),

> Kardec fez o que ninguém ainda havia feito: foi o primeiro a formar com os fatos observados um corpo de doutrina metódico e regular, claro e inteligível para todos, extraindo do amontoado caótico de mensagens mediúnicas os princípios fundamentais com que

elaborou uma nova doutrina filosófica, de caráter científico e de consequências morais e religiosas.

O *Livro dos Espíritos* é composto por quase 500 páginas de perguntas e respostas, as quais apresentam instruções dos espíritos superiores e alguns comentários e desdobramentos que transmitem lições de ordem científica, filosófica e religiosa para nortear o comportamento do indivíduo perante si mesmo, o outro, o meio físico, o mundo espiritual e a divindade. Verdadeiro código de conduta, a obra esclarece que não existe efeito sem causa, alertando para as consequências de todos os atos dos seres humanos, estejam eles vivendo em uma roupagem física ou não.

A primeira edição, publicada com recursos pessoais de Kardec, continha 501 perguntas, apresentadas de forma ordenada e lógica (e com as respectivas respostas). Essas questões foram ditadas a Kardec por diversos espíritos, sob a coordenação do Espírito de Verdade. Apenas a longa introdução foi escrita por Kardec, que nela registrou seu posicionamento com relação aos fundamentos da nova doutrina: o espiritismo. Essa edição se esgotou rapidamente.

A segunda edição, revista pelos espíritos que a ditaram, foi ampliada para 1.019 perguntas. Embora tenha sido publicada no mesmo ano da primeira, essa nova edição se esgotou em quatro meses. Desde então, *O Livro dos Espíritos* tem sido reeditado em diversas línguas, em diferentes países e sem alterações, pois desde seu aparecimento conquistou muitos adeptos, tanto na Europa quanto nas Américas[4].

Para exemplificar a estrutura de *O Livro dos Espíritos*, listamos a seguir algumas questões presentes na obra.

---

4 Como estudioso da ciência da religião, independentemente de sua fé religiosa, possivelmente você pretende aprimorar os conhecimentos sobre o espiritismo. Para aprofundar suas reflexões, recomendamos o *site* da Federação Espírita Brasileira (FEB): <http://www.febnet.org.br>.

O BEM E O MAL

629. Que definição se pode dar da moral? [pergunta de Kardec]

"A moral é regra de bem proceder, isto é, de distinguir o bem do mal. Funda-se na observância da Lei de Deus. O homem procede bem quando tudo faz pelo bem de todos, porque então cumpre a Lei de Deus." [resposta dos Espíritos]

630. Como se pode distinguir o bem do mal?

"O bem é tudo o que é conforme a Lei de Deus; o mal, tudo que lhe é contrário. Assim, fazer o bem é proceder de acordo com a Lei de Deus. Fazer o mal é infringi-la."

631. Tem meios o homem de distinguir por si mesmo o que é bem do que é mal?

"Sim, quando crê em Deus e o quer saber. Deus lhe deu a inteligência para distinguir um do outro."

Fonte: Kardec, 2013d, p. 300.

INTELIGÊNCIA E INSTINTO

72. Qual a fonte da inteligência?

"Já o dissemos; a inteligência universal."

a) Poder-se-ia dizer que cada ser tira uma porção de inteligência da fonte universal e a assimila, como tira e assimila o princípio da vida material?

"Isso não passa de simples comparação, todavia inexata, porque a inteligência é uma faculdade própria de cada ser e constitui a sua individualidade moral. Demais, como sabeis, há coisas que ao homem não é dado penetrar e esta, por enquanto, é desse número."

73. O instinto independe da inteligência?

"Precisamente, não, por isso que o instinto é uma espécie de inteligência. É uma inteligência sem raciocínio. Por ele é que todos os seres proveem as suas necessidades."

Fonte: Kardec, 2013d, p. 81.

Como é possível perceber, Kardec elaborou inúmeras questões seguindo o **método indutivo**, isto é, encadeando de maneira lógica os assuntos após um processo de observação, comparação e dedução. Isso foi feito de forma que os esclarecimentos pudessem estruturar com solidez o entendimento dos leitores, partindo-se de uma pergunta simples para que o assunto fosse aprofundado pouco a pouco, de forma coerente e clara.

1.5 Princípios fundamentais da revelação espírita

Como mencionamos, *O Livro dos Espíritos* apresenta os fundamentos da doutrina espírita. Em sua página inicial está escrito que ele versa "sobre a imortalidade da alma, a natureza dos espíritos e suas relações com os homens, as leis morais, a vida presente, a vida futura e o porvir da humanidade – segundo os ensinos dados por espíritos superiores com o concurso de diversos médiuns – recebidos e coordenados por Allan Kardec" (Kardec, 2013d, p. 3). Foi o primeiro livro e tornou-se básico para todos aqueles que têm interesse pelo assunto ou querem seguir o espiritismo. Está organizado em quatro partes, subdivididas em capítulos, como teremos oportunidade de demonstrar mais adiante.

Estruturar e sistematizar a doutrina espírita foi um trabalho árduo do codificador Allan Kardec. Ele contou com a participação de inúmeros médiuns, escreventes e falantes, os quais serviram de instrumento – como o arado nas mãos do lavrador – para que a humanidade pudesse colher os frutos de uma fé raciocinada.

Com a mesma metodologia, durante 12 anos, o codificador empregou todo seu tempo e dedicação para erigir os pilares da revelação espírita, organizando as comunicações dos espíritos, os quais foram coordenados pelo Espírito de Verdade. Assim, ele produziu o Pentateuco Kardequiano ou Codificação Espírita, que são os cinco livros básicos do espiritismo. Eles foram publicados na seguinte ordem:

- 1857 – *O Livro dos Espíritos* (filosofia espiritualista)
- 1861 – *O Livro dos Médiuns ou Guia dos Médiuns e dos Evocadores*
- 1864 – *O Evangelho Segundo o Espiritismo*
- 1865 – *O Céu e o Inferno ou a Justiça Divina Segundo o Espiritismo*
- 1868 – *A Gênese: os Milagres e Predições Segundo o Espiritismo*

Além dessas cinco obras, Kardec produziu também um pequeno livro denominado *O que é o Espiritismo*. Valemo-nos de suas próprias palavras para justificar esse trabalho:

> As pessoas que só têm conhecimento superficial do espiritismo são, naturalmente, inclinadas a formular certas questões, cuja solução podiam, sem dúvida, encontrar em um estudo mais aprofundado dele; porém, o tempo e, muitas vezes, a vontade lhes faltam para se entregarem a observações seguidas. Antes de empreenderem essa tarefa, muitos desejam saber, pelo menos, do que se trata e se vale a pena ocupar-se com tal coisa. Por isso achamos útil apresentar resumidamente as respostas a algumas das principais perguntas que nos são diariamente dirigidas; isso será, para o leitor, uma primeira iniciação, e, para nós, tempo ganho sobre o que tínhamos de gastar a repetir constantemente a mesma coisa. (Kardec, 2016a, p. 39)

Como podemos observar, para os iniciantes talvez seja indicada essa primeira leitura, pois ela apresentará as principais informações que despertarão o interesse pelo assunto. A obra tem apenas três capítulos, de leitura agradável, e começa com um diálogo entre um suposto crítico, um cético e um padre, apresentando os conceitos trazidos pelos espíritos. Em seguida, encontramos noções elementares do espiritismo, finalizando com respostas a problemas do cotidiano. Posteriormente, foi acrescida a esse livro uma biografia de Allan Kardec.

Enquanto organizava as comunicações recebidas em diferentes locais, Kardec selecionou algumas que não foram incluídas nas suas obras por motivos variados, até mesmo por orientação do seu guia espiritual. Essa coletânea, sua primeira biografia – elaborada por amigos colaboradores – e o discurso pronunciado por Camille Flammarion no seu sepultamento foram publicados no livro *Obras póstumas*.

Preste atenção!

Desde o começo a dedicação de Kardec foi total e absoluta à causa que abraçou como missão. Ele fez do espiritismo seu propósito de vida, cujo trabalho árduo resultou em um corpo de doutrina coeso e consistente, composto por cinco livros.

Além dessas obras, Allan Kardec lançou, em 1º de janeiro de 1858, o primeiro número de *La Revue Spirite* (*Revista Espírita*), que tinha como propósito divulgar a nova doutrina. Para isso, ele usou uma linguagem jornalística, o que atribuiu um aspecto mais leve ao texto.

Com relação ao conteúdo, a revista contava com explicações sobre tópicos da doutrina, contribuições de estudiosos e pesquisadores colegas de Kardec, notícias variadas e curiosidades sobre o tema, incluindo uma seção com respostas às questões enviadas pelos leitores. Dessa forma, ele conseguiu atingir seus objetivos rapidamente.

De acordo com Wantuil e Thiesen (2004b, p. 187):

> Fatos e mais fatos, recentes ou antigos, transcritos na "Revue" levavam Kardec a apreciá-los, analisá-los, comentá-los, submetê-los ao escalpelo da observação; tendo por objetivo tecer reflexões,

> estabelecer conceitos, extrair ilações, deduzir consequências, descobrir causas e chegar a conclusões racionais.
>
> Mostrando as aplicações do espiritismo aos casos mais vulgares, Kardec fazia compreender toda a sublimidade da nova doutrina.
>
> A *Revista Espírita* circulou, sem interrupções, até 1869 – ano em que seu diretor e criador faleceu[5]. Até hoje, ela vem sendo traduzida como documento histórico – teve até recente edição pela Federação Espírita Brasileira (FEB).

Acompanhando a vasta produção revelada pelos espíritos superiores, podemos apontar algumas questões fundamentais para o espiritismo. São elas:

1. Deus é a inteligência suprema, causa primária de todas as coisas e o criador do Universo (no qual há pluralidade de mundos habilitados).
2. Existe um mundo espiritual paralelo ao mundo físico e ambos se interpenetram, incessantemente.
3. A alma é o espírito encarnado, formado por espírito, perispírito e corpo físico.
4. A morte liberta o espírito imortal do corpo físico, mas ele mantém sua individualidade (qualidades e defeitos) e o perispírito como seu envoltório semimaterial.
5. Os espíritos pertencem a diferentes classes, de acordo com seu nível de evolução; porém, seu destino é a perfeição moral.
6. Os espíritos encarnados vivem na Terra, mas há pluralidade de mundos, classificados de acordo com o nível de evolução dos seus habitantes.

---

5   Allan Kardec faleceu em 31 de março de 1869, vítima do rompimento de um aneurisma.

7. A reencarnação é necessária para o progresso moral do espírito (detentor do livre-arbítrio), que avança de acordo com o esforço que faz para melhorar.
8. Os espíritos se comunicam com os encarnados, mediante evocação ou espontaneamente, por meio de médiuns, os quais podem ter diferentes tipos de mediunidade.
9. Os espíritos interferem na vida dos encarnados de acordo com a sintonia que existe entre eles, pois os semelhantes se atraem.
10. A conduta dos homens e dos espíritos gera consequências de acordo com a lei da ação e reação, criando uma cadeia ininterrupta no destino das criaturas.
11. Os espíritos superiores são identificados pelo teor de suas comunicações, sempre pautadas na moral do Evangelho: amar ao próximo como a si mesmo e a Deus sobre todas as coisas.
12. A máxima que rege a conduta dos espíritas é "Fora da caridade não há salvação".

Essa síntese, resultado de uma leitura atenta da introdução de *O Livro dos Espíritos* – considerado a "primeira página" da extensa coleção de ensinamentos dos espíritos superiores – não pretende resumi-lo. Nela, apenas pontuamos características que definem o espiritismo, embora algumas sejam comuns a outras religiões cristãs, em especial no que se refere à importância de Jesus, considerado o modelo ideal de homem de bem e espírito superior, o governador da Terra e guia da humanidade.

> **PRESTE ATENÇÃO!**
> São incontáveis as mensagens ditadas pelos espíritos que conclamam os homens para a aplicação dos ensinamentos do Mestre Jesus, como podemos observar no excerto a seguir de *O Evangelho Segundo o Espiritismo*:

> "Amar o próximo como a si mesmo: fazer pelos outros o que quereríamos que os outros fizessem por nós", é a expressão mais completa da caridade, porque resume todos os deveres do homem para com o próximo. Não podemos encontrar guia mais seguro, a tal respeito, que tomar para padrão, do que devemos fazer aos outros, aquilo que para nós desejamos. Com que direito exigiríamos dos nossos semelhantes melhor proceder, mais indulgência, mais benevolência e devotamento para conosco, do que os temos para com eles? A prática dessas máximas tende à destruição do egoísmo. Quando as adotarem para regra de conduta e para base de suas instituições, os homens compreenderão a verdadeira fraternidade e farão que entre eles reinem a paz e a justiça. Não mais haverá ódios, nem dissenções, mas tão somente união, concórdia e benevolência mútua. (Kardec, 2013c, p. 154)

Dessa maneira, ser espírita é ter a convicção de que Jesus é o modelo ideal de comportamento humano; e viver como espírita é pautar a existência nos exemplos Dele, sempre em busca da melhoria pessoal, do bem geral e de um mundo mais justo. O lema do espiritismo é "**Fora da caridade não há salvação**", o que demonstra a constante preocupação com o bem-estar e a felicidade de todos, especialmente dos menos favorecidos e mais vulneráveis socialmente.

1.5.1 O processo de consolidação do espiritismo

Antes de abordarmos esse processo, gostaríamos de propor as seguintes questões: Você já refletiu sobre a finalidade das comunicações dos espíritos? Por que eles parecem ter invadido a Terra ao mesmo tempo e em tão diversos lugares?

O espiritismo explica que, no início, os espíritos se manifestavam de forma muito ostensiva, chamando atenção das massas para os fenômenos que despertavam curiosidade e temor, esperando que resultassem no conhecimento geral de que eles (os espíritos) sobrevivem ao túmulo e podem se comunicar com os vivos (ou encarnados). Essa foi a **fase da curiosidade**.

Porém, a partir do momento que os estudiosos, tanto materialistas quanto espiritualistas, se voltaram para as manifestações com o intuito de desvendar seus mistérios e passaram a levar a sério o conteúdo daquilo que os espíritos tinham a dizer, o espiritismo passou por um período de sistematização, coordenado pelo mestre Allan Kardec sob orientação do Espírito de Verdade, responsável espiritual pela estrutura da nova doutrina, ao mesmo tempo experimental, filosófica e moral. Essa foi a **fase filosófica**.

Uma vez consolidada a doutrina espírita e tornados públicos seus princípios fundamentais com o lançamento de *O Livro dos Espíritos*, a atenção do clero romano e dos protestantes foi despertada. Como não aceitaram a Nova Revelação, deu-se início à **fase da perseguição**, tanto de médiuns quanto de simpatizantes e adeptos. Podemos considerar como o auge desse momento sombrio o **Auto de Fé de Barcelona**, realizado no dia 9 de outubro de 1861, no qual foram queimados 300 volumes de obras espíritas encaminhadas por Kardec da França para um livreiro espanhol. O ato foi determinado pelo bispo de Barcelona, que o presidiu nos moldes das fogueiras da Inquisição. Porém, o resultado disso foi despertar ainda mais o interesse dos fiéis e aumentar consideravelmente a venda de livros e a adesão de pessoas.

> **PRESTE ATENÇÃO!**
>
> O espiritismo se consolidou como doutrina, com seu corpo teórico organizado de forma lógica e coerente, graças ao esforço pessoal de Allan Kardec. Porém, essa não foi uma tarefa fácil – ele enfrentou grandes desafios, perseguições e intolerâncias, principalmente por

parte de outras religiões, da ciência e da imprensa. Geralmente, eram questionamentos sem fundamento, oriundos da falta de conhecimento de causa; e críticas mais voltadas ao método do que ao conteúdo.

Diante desse impasse, Kardec sempre manteve a dignidade cristã e não revidou, evitando, assim, polêmicas desnecessárias. Além disso, aplicou a essas situações seu princípio de fé e de vida: o **respeito pela liberdade de pensar e escolher**.

Encontramos em Wantuil e Thiesen (2004a, p. 35) parte de uma carta enviada por Kardec ao sr. T. Jaubert em 1865, na qual ele expressa com clareza a postura adotada:

> Conheço os homens e de nada me admiro; sei que as grandes ideias não se estabelecem sem luta; sei que terei ainda grandes obstáculos a vencer, mas não os temo porque sei que a vontade dos homens nada pode contra a vontade de Deus. O progresso é um parto laborioso que encontra resistência tenaz nos abusos que ele tem de arrancar e que lhe disputam o terreno, palmo a palmo.

Assim, Kardec preferiu dedicar todo o seu tempo a esclarecer pontos da doutrina àqueles que o procuravam com dúvidas e a sistematizar a doutrina espírita – sempre amparado pelos espíritos superiores. Dessa forma, o espiritismo avançou altaneiro e se expandiu pelo mundo inteiro.

No tocante aos assuntos de cunho moral e religioso, a nova doutrina poderia ser apenas mais uma corrente do pensamento filosófico, mas foi se consolidando como algo que possui um fim sublime: o progresso individual e social pautado no Evangelho, que, como a bússola, orienta seus seguidores para a necessidade de reforma íntima e ações em benefício de um mundo melhor.

Síntese

Neste capítulo apresentamos:

- a série progressiva dos fenômenos que deram origem ao espiritismo, a qual despertou a atenção de cientistas, pesquisadores e curiosos;
- a vida do pedagogo Hippolyte Léon Denizard Rivail, que passou a usar o pseudônimo Allan Kardec para diferenciar suas produções referentes à doutrina espírita, realizadas em colaboração com os espíritos, de sua vasta obra escrita como cientista da educação;
- os termos específicos criados por Kardec (*espírita/espiritista* e *espiritismo*) para dar maior clareza à nova doutrina, visto que termos existentes, como *espiritualista* e *espiritualismo*, em razão de seus significados já bem definidos, poderiam gerar confusão;
- a metodologia utilizada por Kardec para estruturar o espiritismo nascente, composta por perguntas e respostas que, semelhante à maiêutica socrática, têm o propósito de esclarecer, de forma lógica e racional, os aspectos científico, filosófico e religioso do espiritismo;
- a doutrina espírita, que, tomando como rota o Evangelho, se propõe a guiar os homens no caminho do bem, buscando o conhecimento sobre o progresso individual e social.

Indicações culturais

O FILME dos espíritos. Direção: André Marouço e Michel Dubret, Brasil: Paris Filmes, 2011. 104 min.

Um professor universitário, após a morte da mulher, vítima de câncer, entra em depressão, perde o emprego e tenta o suicídio. Quando vai se atirar de um viaduto, é distraído por um gari que lhe entrega um exemplar de *O Livro dos Espíritos*, de Allan Kardec. Após a leitura desse livro, o rumo de sua vida muda completamente e ele passa a observar dramas de outras vidas que se debatem em diferentes conflitos existenciais, os quais analisa pela ótica do livro que salvou sua vida.

Atividades de autoavaliação

1. Embora visto como forma de entretenimento, o fenômeno das mesas girantes tinha também outro objetivo. Qual era ele?
   A] Assustar as pessoas e afastá-las desse tipo de prática.
   B] Invocar entidades encaradas como malignas.
   C] Chamar a atenção das pessoas para as manifestações espirituais.
   D] Contatar espíritos de pessoas assassinadas para ajudar as autoridades da época a punir o culpado.
   E] Arrecadar fundos para a pessoa que cedia a casa para as reuniões.

2. Leia com atenção o trecho a seguir e preencha a lacuna.
   Os pesquisadores do magnetismo começaram a investigar o fenômeno das mesas girantes, a fim de obter explicações a seu respeito. Inicialmente, atribuíram o resultado obtido _____ dos participantes, uma espécie de eletricidade humana que, naquele, momento vinha sendo estudada no meio acadêmico.

   Assinale a alternativa que completa corretamente a lacuna:
   A] à energia vital.
   B] à energia espiritual.
   C] aos impulsos elétricos.
   D] ao fluido magnético.
   E] aos impulsos nervosos.

3. Leia com atenção as afirmações a seguir sobre Allan Kardec.
   I. De perfil otimista e adepto dos ideais republicanos difundidos na França, durante toda a vida se dedicou à educação, acreditando que por meio dela é possível melhorar o mundo.
   II. Era formado em Letras e Belas Artes e lecionou apenas em classes iniciais.
   III. Além de professor e escritor, também atuou como magnetizador.
   IV. Dedicou-se ao magistério durante 25 anos, o que o levou a ser reconhecido e respeitado no meio intelectual.

   Agora, assinale a alternativa correta:
   A] I, II e IV.
   B] I, III e IV.
   C] II e III.
   D] II e IV.
   E] I e III.

4. Assinale a alternativa **incorreta** referente ao surgimento do espiritismo.
   A] Quando Kardec escreveu a introdução de *O Livro dos Espíritos*, ele tomou o cuidado de esclarecer a importância de se criar novos termos para designar a nova doutrina (*espiritismo*) e seus seguidores (*espiritas* ou *espiritistas*). De acordo com ele, termos como *espiritualista* e *espiritualismo* já tinham significados bem definidos, o que poderia acarretar certa confusão ao serem aplicados à nova doutrina.
   B] Kardec reuniu as informações trazidas pelos espíritos superiores e as transformou em um código doutrinário com cinco livros, denominado *Pentateuco da Codificação Kardequiana* ou *Pentateuco da Doutrina Espírita*.

c] Kardec se propôs a elaborar as perguntas que seriam respondidas pelos espíritos e, dessa forma, fundou o que denominou como *espiritismo kardecista*.
d] O espiritismo confirmou a imortalidade da alma, sua sobrevivência após a vida terrena e as relações do mundo material com o mundo invisível.
e] Kardec é conhecido como o codificador da doutrina espírita, visto que foi o responsável pela organização e publicação das revelações dos espíritos, contidas em mensagens obtidas por meio de diferentes médiuns.

5. Leia com atenção os princípios a seguir e marque V para o(s) verdadeiro(s) e F para o(s) falso(s).
   [ ] Deus é a inteligência suprema e causa primária de todas as coisas; é o criador do Universo, no qual há pluralidade de mundos habitados.
   [ ] A morte liberta o espírito imortal do corpo físico, mas ele mantém sua individualidade, mesmo perdendo suas qualidades e defeitos e conservando o perispírito como seu envoltório semimaterial.
   [ ] Os espíritos interferem na vida dos encarnados de acordo com a sintonia que existe entre eles, pois os semelhantes se atraem.
   [ ] Os espíritos só se comunicam com os encarnados mediante evocação por meio de médiuns, os quais podem apresentar diferentes tipos de mediunidade.

   Agora, assinale a alternativa que apresenta a sequência correta:
   a] V, V, F, F.
   b] V, F, V, F.
   c] F, V, F, V.
   d] F, V, V, F.
   e] V, V, V, F.

Atividades de aprendizagem

Questões para reflexão

1. Com relação ao aspecto religioso, é possível afirmar que há diferença entre as doutrinas do espiritismo e as das demais religiões? Justifique sua resposta.

2. Se presenciasse fenômenos como as pancadas que respondem questões e lápis que andam sozinhos sobre o papel, como explicaria o fenômeno depois de já tê-lo estudado?

Atividade aplicada: prática

1. Para indicar quem foi Hippolyte Léon Denizard Rivail, o iniciador do espiritismo, apresentamos pinceladas de sua formação intelectual e os princípios morais e valores éticos que sedimentaram seu caráter – tendo em vista que as relações sociais são determinantes nas atitudes e ações humanas. Conforme salientamos, os ensinamentos da escola suíça marcaram profundamente seu caráter ainda na infância. Para conhecer um pouco sobre seus mestres, faça uma pesquisa sobre Jean-Jacques Rousseau e Johann Heinrich Pestalozzi e registre, em forma de quadro, os resultados obtidos. Na sequência, compare-os com as atuais propostas pedagógicas.

MUNDO MATERIAL E MUNDO ESPIRITUAL

Neste capítulo, discorreremos sobre as explicações que a doutrina espírita apresenta para diferenciar o mundo físico do mundo espiritual, em sua origem e natureza, e elucidaremos como se dá o retorno do espírito à matéria pela reencarnação. Tomaremos como base *O Livro dos Espíritos*, escrito em 1857, que trata da parte filosófica da doutrina. A obra em questão está organizada didaticamente em quatro partes, conforme demonstraremos a seguir.

A primeira parte, "Das causas primárias", é composta por quatro capítulos que abrangem os seguintes temas: Deus, a inteligência suprema, causa primária de todas as coisas e o infinito; os elementos gerais do Universo (o espírito, a matéria e o espaço universal infinito); a criação e a formação dos mundos e dos seres vivos; o povoamento da Terra, a diversidade das raças humanas e a pluralidade dos mundos; o princípio vital; os seres orgânicos e inorgânicos; a vida e a morte; e a inteligência e o instinto.

A segunda parte, "Do mundo espírita ou Mundo dos Espíritos", é formada por onze capítulos, os quais apresentam como temas: os espíritos, a encarnação e a volta do espírito à vida espiritual; a pluralidade das existências, a vida espírita, a volta do espírito à vida corporal e a emancipação da alma; a intervenção dos espíritos no mundo corporal; as ocupações e missões dos espíritos; e os três reinos.

A terceira parte, "Das leis morais", contempla doze capítulos, os quais explicitam detalhadamente as leis que regem a doutrina espírita: a lei divina ou natural, de adoração; as leis do trabalho, de reprodução, de conservação e de destruição; as leis de sociedade, do progresso e da igualdade; as leis de liberdade, de justiça, de amor e de caridade; e a lei da perfeição moral.

Por fim, a quarta parte, "Das esperanças e consolações", composta por dois capítulos, orienta sobre as penas e gozos terrestres e as penas e gozos futuros.

Você perceberá que a linguagem das citações é rebuscada, fruto da época em que a obra foi escrita (há quase 200 anos); mas não se preocupe: isso não prejudicará o entendimento dos trechos. Quando se trata de conceitos de cunho científico, considere que muitos foram os avanços da ciência desde aquele tempo até os dias de hoje; por isso, alguns foram devidamente complementados por autores posteriores a Kardec.

Allan Kardec dirigiu aos espíritos várias questões sobre diversos assuntos, como demonstraremos no decorrer deste capítulo. Posteriormente, ele organizou as respostas e orientações em cinco livros, os quais formam o Pentateuco da Doutrina Espírita.

Nas próximas seções, apresentaremos as perguntas de Kardec de acordo com o modelo proposto em *O Livro dos Espíritos*: perguntas enumeradas (em negrito) e respostas entre aspas – algumas delas seguidas de comentários do próprio Kardec. Nossas explicações referentes a cada assunto – resultantes de estudos, pesquisas e atividades práticas – completarão o texto.

Iniciaremos nossa análise pelas duas primeiras partes de *O Livro dos Espíritos*, texto-base indispensável para a compreensão do espiritismo.

2.1 Deus, a criação do Universo, o espírito e a matéria

Tanto nas religiões – desde Santo Anselmo e Santo Tomás de Aquino – quanto nas ciências – a exemplo de Sócrates, Platão, Kant, Spinoza e Descartes – há referências à razão perfeita, à perfeição absoluta e à ordem do Universo como indicativo da existência de um criador, causa essencial de tudo. Mesmo que apresentem teorias e denominações diferentes para explicar essa constatação, todos são unânimes quanto ao fato de que há um poder superior comandando o movimento das galáxias e da vida. A crença em um Deus único é antiga, já apregoada por sacerdotes e seguidores de seitas oriundas do Oriente, especialmente na Índia e no Egito.

Essa inquietação filosófica e metafísica foi um dos motivos para Kardec buscar explicações ao perceber que os movimentos das mesas girantes eram provocados por seres inteligentes, desligados do corpo físico. Ele viu a possibilidade de obter esclarecimentos por intermédio daqueles que estavam desvestidos do corpo físico e vivenciando experiências em outra dimensão. Suas primeiras perguntas foram:

1) **Que é Deus?**
"Deus é a inteligência suprema, causa primária de todas as coisas."

2) **Que se deve entender por infinito?**
"O que não tem começo nem fim: o desconhecido; tudo o que é desconhecido é infinito."

3) **Poder-se-ia dizer que Deus é o infinito?**
"Definição incompleta. Pobreza da linguagem humana, insuficiente para definir o que está acima da linguagem dos homens."

Deus é **infinito** em suas perfeições, mas o infinito é uma abstração. Dizer que Deus é infinito é tomar o atributo de uma coisa pela coisa mesma, é definir uma coisa que não está conhecida por uma outra que não o está mais do que a primeira. (Kardec, 2013d, p. 55-56, grifo do original)

O ponto de partida para todos os conceitos que embasam a doutrina espírita é o **reconhecimento de Deus como inteligência suprema**, a causa primária de tudo, o motor que comanda o movimento dos mundos. Ele é a perfeição absoluta, e em sua essência estão atributos como o eterno, o infinito, o imutável, o justo, o bom, o sábio e o perfeito.

De acordo com os espíritos, todos os homens, mesmo os mais primitivos, trazem dentro de si um "sentimento instintivo" (uma intuição) sobre a existência de Deus, embora seja difícil defini-lo. Em muitas culturas antigas, essa força superior foi associada aos fenômenos da natureza, como o trovão, o fogo e até mesmo o Sol. Em algumas delas, a exemplo da cultura greco-romana, foram atribuídas qualidades humanas às divindades; em outras, elas foram associadas a figuras simbólicas, como a do ancião. Isso pode ser constatado em pinturas rupestres e em esculturas conservadas em museus.

Com o transcorrer dos séculos, foi se tornando comum a crença em um Deus único. Moisés foi quem trouxe a **primeira revelação** direta de Deus para a humanidade – o Decálogo –, que continha os dez mandamentos com as regras de conduta a serem seguidas pelo povo hebreu, escritas diretamente nas denominadas de *Pedras da Lei*. Nesse primeiro código de conduta, revelado a Moisés no Monte Sinai, Deus se manifestou como uma entidade exigente, vingativa em sua justiça, tanto que estabeleceu a lei do "olho por olho, dente por dente", conforme registra a Bíblia, o livro sagrado de muitas religiões.

A **segunda revelação**, anunciada por muitos profetas da Judeia como a vinda do Messias, se deu com o nascimento de Jesus, em Belém. Ele viveu na cidade de Nazaré, na Galileia, com os pais, onde aprendeu o ofício de carpinteiro e os princípios do judaísmo contidos na Torá. Sua tarefa missionária, sempre pautada no amor, teve início quando completou 30 anos, conforme registram os Evangelhos. Ele conseguiu mobilizar multidões, valendo-se de parábolas para sensibilizar os assistentes, e sintetizou os dez mandamentos do livro sagrado dos judeus em dois: (1) amar a Deus sobre todas as coisas e (2) amar ao próximo como a si mesmo. Dessa forma, Ele inaugurou a lei do amor: agir com o outro da mesma maneira como gostaríamos que este agisse conosco.

Segundo Allan Kardec, a presença de Jesus na Terra foi tão importante para a humanidade que Ele se tornou o divisor da história: antes e depois de Cristo. Sua doutrina estabeleceu os princípios do cristianismo (com base nos valores das Escrituras), assim como a definição mais precisa de Deus: Pai. Aprendemos com Jesus que Deus é o Pai de todos os homens, Pai de infinita bondade, justiça e misericórdia, que perdoa o pecador arrependido e dá a cada um segundo as suas obras.

Deus é a causa primária, o criador do Universo e de suas leis naturais. Se procurarmos a razão de tudo o que não foi criado pelo homem, concluímos que há um autor preexistente, a causa única da existência do Universo e de sua harmonia. Isso prova a existência de Deus, pois, como não há efeito sem causa e pela obra se conhece o autor, a dedução lógica é a existência de uma força superior, uma causa primária a ser respeitada, a qual criou tanto o espírito quanto a matéria.

> **PRESTE ATENÇÃO!**
>
> Há quatro tipos de provas da existência de Deus:
> 1. **Morais**: intuição que aponta o certo e o errado, impelindo o homem à busca pelo progresso.
> 2. **Metafísicas**: proveniente do "mundo das ideias" descrito por Platão.

3. **Históricas**: registradas ao longo das civilizações.
4. **Físicas**: constatação da perfeita organização da natureza, efeito de uma causa superior.

Com relação aos conceitos de matéria e espírito, encontramos o seguinte diálogo de Kardec com os espíritos superiores:

> **22. Define-se geralmente a matéria como o que tem extensão, o que é capaz de nos impressionar os sentidos, o que é impenetrável. São exatas estas definições?**
> "Do vosso ponto de vista, elas o são, porque não falais senão do que conheceis. Mas a matéria existe em estados que ignorais. Pode ser, por exemplo, tão etérea e sutil, que nenhuma impressão vos cause aos sentidos. Contudo, é sempre matéria. Para vós, porém, não o seria.
>
> **a) Que definição podeis dar da matéria?**
> "A matéria é o laço que prende o espírito; é o instrumento de que este se serve e sobre o qual, ao mesmo tempo, exerce sua ação."
> Deste ponto de vista, pode-se dizer que a matéria é o agente, o intermediário com o auxílio do qual e sobre o qual atua o espírito.
>
> **23. Que é o espírito?**
> "O princípio inteligente do Universo". (Kardec, 2013d, p. 62)

O espírito, aceito como "o princípio inteligente do Universo" (Kardec, 2013d, p. 55), foi criado por Deus simples e ignorante, como uma individualidade incorpórea indestrutível e independente da matéria, capaz de agir sobre ela e de lhe fornecer o senso moral e "a faculdade de pensar" (Kardec, 2013d, p. 81). Seu destino é a perfeição moral e intelectual.

O corpo somático é um amontoado de células, um conjunto de engrenagens mais ou menos saudável, dependendo das condições genéticas, mesológicas e de cuidados que o indivíduo lhe dispense para o bom funcionamento. É um envoltório que o espírito utiliza e dele se desfaz ao término de sua jornada terrena, como se deixasse uma roupa velha.

Kardec afirma o seguinte sobre essa questão:

> Ainda que isso lhe fira o orgulho, tem o homem que se resignar a não ver no **seu corpo material** mais do que o último anel da animalidade **na Terra**. Aí está o inexorável argumento dos fatos, contra o qual seria inútil protestar.
>
> Todavia, quanto mais o corpo diminui de valor aos seus olhos, tanto mais cresce de importância o princípio espiritual. Se o primeiro o nivela ao bruto, o segundo o eleva a incomensurável altura. Vemos o limite extremo do animal: não vemos o limite a que chegará o espírito do homem. (Kardec, 2013a, p. 180, grifo do original)

O espiritismo ensina que, atendendo a uma lei natural, o espírito imortal atua sobre o corpo material, utilizando-o como instrumento da sua vontade. Sem o espírito, o corpo não passa de um conjunto de moléculas animadas pelo fluido vital, a exemplo das plantas.

Como o espírito possui livre-arbítrio para escolher seus caminhos, ele é o único responsável pelo ritmo do próprio progresso, mais lento ou mais acelerado, cuja conquista depende do seu empenho. Para chegar aos elevados patamares da evolução, normalmente ele necessita de muitas vidas, que são oportunidades para adquirir a perfeição. Em cada uma delas, o espírito acumula qualidades intelectuais e morais, armazena vitórias que o acompanham no além-túmulo, ao mesmo tempo que se livra de maus hábitos e comportamentos equivocados; jamais regride, mas pode estacionar em determinado patamar quando não se esforça para melhorar.

Agora, você já conhece os três conceitos básicos que norteiam a análise e a reflexão sobre os pontos fundamentais do espiritismo, de acordo com a Codificação Kardequiana: Deus, espírito e matéria.

A seguir, vamos examinar como se deu a criação da vida na Terra, assim como sua origem e evolução.

2.2 A gênese orgânica: a formação dos seres vivos e o princípio vital

Antes de prosseguirmos, analise o subtítulo desta seção e anote as principais ideias a respeito do assunto. Isso será importante para, ao final do texto, você compará-las com as informações referentes à forma como a doutrina dos espíritos explica a formação dos seres vivos e o princípio que os anima.

Muitas são as teorias que se propõem a explicar a formação da Terra, seu esboço geológico e a origem dos seres vivos. Não é o objetivo deste estudo o aprofundamento do tema; por isso, apresentaremos apenas alguns pontos relevantes para encadear melhor as ideias que conduzirão à compreensão dos elementos que regem as relações entre o mundo material e o mundo espiritual.

Desde longa data os cientistas oferecem interpretações variadas para a formação da Terra e a origem da vida. Resumindo as respostas dos espíritos para Kardec: em sua gênese, há aproximadamente seis bilhões de anos, o planeta Terra era um amontoado de gases que se movimentava ao redor de um eixo e que acabou se solidificando. Da combinação de seus elementos constitutivos surgiram os minerais, os vegetais, os animais e os seres humanos. Portanto, todos os seres, orgânicos e inorgânicos, são constituídos pelos mesmos elementos materiais, combinados de diferentes formas.

Para esclarecer melhor essa questão, recorremos a Kardec, que no livro *A Gênese*, após detalhada explicação sobre a formação primária dos seres vivos, assim indica sua origem:

> O que diariamente se passa às nossas vistas pode colocar-nos na pista do que se passou na origem dos tempos, porquanto as leis da natureza não variam.

> Visto que são os mesmos os elementos constitutivos dos seres orgânicos e inorgânicos; que os sabemos a formar incessantemente, em dadas circunstâncias, as pedras, as plantas e os frutos, podemos concluir daí que os corpos dos primeiros seres vivos se formaram, como as primeiras pedras, pela reunião das moléculas elementares, em virtude da lei de afinidade, à medida que as condições de vitalidade do globo foram propícias a esta ou àquela espécie. (Kardec, 2013a, p. 173)

Porém, para entendermos tais condições de vitalidade do globo, que propiciaram a formação das primeiras moléculas celulares, precisamos considerar o fato de que tudo no Universo está mergulhado no "fluido universal, ou primitivo ou elementar" (Kardec, 2013d, p. 64), uma substância rarefeita, de constituição sutil e vaporosa, que envolve todos os seres orgânicos e inorgânicos. Trata-se do **fluido cósmico universal**.

Quando afirmamos que tudo está interligado, como os elos de uma corrente, estamos concretizando a ideia de que existe um fluido permanente que perpassa todos os componentes do Universo. Leon Denis (1978, p. 133), eminente estudioso e divulgador do espiritismo, ao escrever sobre os problemas do ser, do destino e da dor, ressalta: "A alma elabora-se no seio dos organismos rudimentares. No animal está apenas em estado embrionário; no homem, adquire conhecimento, e não mais pode retrogradar".

Além do fluido cósmico universal, observamos que em todos os seres vivos existe também um princípio, decorrente de uma modificação desse fluido, sem o qual não se vive: o **princípio vital**. Trata-se de algo imponderável, cuja função é animar os corpos dos vegetais, dos animais e dos homens, dando-lhes vitalidade e os diferenciando dos seres inorgânicos.

Kardec (2013a, p. 175, grifo do original) apresenta um belo exemplo sobre a função do princípio vital, fazendo um paralelo entre vida e morte:

A atividade do princípio vital é alimentada durante a vida pela ação do funcionamento dos órgãos, do mesmo modo que o calor, pelo movimento da rotação de uma roda. Cessada aquela ação, por motivo da morte, o princípio vital se extingue, como o calor, quando a roda deixa de girar. [...]

Tomamos para termo de comparação o calor que se desenvolve pelo movimento de uma roda, por ser um efeito vulgar, que todo mundo conhece, e mais fácil de compreender-se. Mais exato, no entanto, houvéramos sido, dizendo que, na combinação dos elementos para formarem os corpos orgânicos, desenvolve-se a **eletricidade**. Os corpos orgânicos seriam, então, verdadeiras **pilhas elétricas**, que funcionam enquanto os elementos dessas pilhas se acham em condições de produzir eletricidade: é a vida; que deixam de funcionar, quando tais condições desaparecem: é a morte.

Morto o ser orgânico, o princípio vital volta ao fluido cósmico universal de onde saiu, e os elementos que o compõem sofrem novas combinações, das quais resultam novos seres. Esse é o destino da matéria que compõe todos os seres vivos.

Porém, no ser humano, além do princípio vital que ele utiliza para agir sobre a matéria densa, existe também o **princípio inteligente**, isto é, o espírito.

A Ciência moderna refutou os quatro elementos primitivos [fogo, terra, água e ar] dos antigos e, de observação em observação, chegou à concepção de **um só elemento** gerador de todas as transformações da matéria; mas a matéria, por si só, é inerte; carecendo de vida. De pensamento, de sentimento, precisa estar unida ao princípio espiritual. O espiritismo não descobriu, nem inventou este princípio; mas foi o primeiro a demonstrá-lo por provas inconcussas; estudou-o, analisou-o e tornou-lhe evidente a ação. Ao **elemento material**, juntou ele o **elemento espiritual**.

Elemento material e **elemento espiritual**, esses [são] os dois princípios, as duas forças vivas da natureza. Pela união indissolúvel deles, facilmente se explica uma multidão de fatos até então inexplicáveis. (Kardec, 2013a, p. 24, grifo do original)

O princípio vital segue o destino dos demais, ao passo que o espírito se desprende do envoltório físico inanimado e continua vivo, pois é imortal. Lembremos que o espírito – princípio inteligente do Universo – foi criado por Deus como uma individualidade simples, ignorante e incorpórea, porém indestrutível e independente da matéria.

Cada espírito, ao nascer, apresenta certa quantidade de fluido vital, que precisa da matéria para se manifestar – como um tanque de combustível programado para determinado percurso de vida. Dependendo do estilo de vida da pessoa, dos hábitos, dos cuidados ou abusos, essa energia pode se esgotar mais rapidamente. Sem fluido vital não há vida, isto é, quando ele acaba, ocorre a morte do corpo físico. Kardec (2013d, p. 80) resume essa ideia com o seguinte exemplo:

> Num aparelho elétrico temos imagem mais exata da vida e da morte. Esse aparelho, como todos os corpos da Natureza, contém eletricidade em estado latente. Os fenômenos elétricos, porém, não se produzem senão quando o fluido é posto em atividade por uma causa especial. Poder-se-ia então dizer que o aparelho está vivo. Vindo a cessar a causa da atividade, cessa o fenômeno: o aparelho volta ao estado de inércia. Os corpos orgânicos são, assim, uma espécie de pilhas ou aparelhos elétricos, nos quais a atividade do fluido determina o fenômeno da vida. A cessação dessa atividade causa a morte.
>
> A quantidade de fluido vital não é absoluta em todos os seres orgânicos. Varia segundo as espécies e não é constante, quer em cada indivíduo, quer nos indivíduos de uma espécie. Alguns há, que se

acham, por assim dizer, saturados desse fluido, enquanto outros o possuem em quantidade apenas suficiente. Daí, para alguns, vida mais ativa, mais tenaz e, de certo modo, superabundante.

2.3 O povoamento da Terra e a pluralidade dos mundos

O espiritismo, em seu livro básico, trata das questões referentes ao povoamento da Terra, fazendo uma análise comparativa entre diferentes teorias científicas e a visão bíblica sobre o assunto.

Anteriormente apresentamos noções gerais sobre como a Terra se formou e como surgiram os seres vivos. Foi um processo lento, e gradativamente novas espécies foram se somando às primeiras. Em relação aos seres humanos, os espíritos explicam que o povoamento da Terra não começou com Adão e Eva, como descrito nas questões 50 e 51 de *O Livro dos Espíritos*:

> **50. A espécie humana começou por um único homem?**
> "Não; aquele a quem chamais Adão não foi o primeiro, nem o único a povoar a Terra."
>
> **51. Poderemos saber em que época viveu Adão?**
> "Mais ou menos na que lhe assinais: cerca de 4.000 anos antes do Cristo."
>
> O homem, cuja tradição se conservou sob o nome de Adão, foi dos que sobreviveram, em certa região, a alguns dos grandes cataclismos que revolveram em diversas épocas a superfície do globo, e se constituiu tronco de uma das raças que atualmente o povoam. As Leis da Natureza se opõem a que os progressos da Humanidade, comprovados muito tempo antes do Cristo, se tenham realizado em alguns séculos, como houvera sucedido se o homem não existisse na Terra senão a partir da época indicada

para a existência de Adão. Muitos, com mais razão, consideram Adão um mito ou uma alegoria que personifica as primeiras idades do mundo. (Kardec, 2013d, p. 70)

E como se explica a diversidade das raças humanas? Ela se deve aos hábitos, costumes e condições de clima e temperatura do lugar no qual cada povo se encontra. Também considera-se que a miscigenação tem papel importante no estabelecimento de características físicas e culturais que, geração após geração, definem perfis regionais típicos. Ainda assim, todos pertencem à mesma família e são irmãos em Deus, pois foi Ele quem a todos criou.

Estudos atestam que os primeiros humanos vieram da Ásia, foram para o Egito e dali se expandiram pela África e outros continentes, organizando agrupamentos diversificados, tanto nas características físicas quanto na linguagem e nos costumes, como provam os achados arqueológicos.

De acordo com os espíritos, que para além da Terra também existem outros mundos, de diferentes categorias e habitados por espíritos que assumem características físicas de acordo com o meio onde habitam, "do mesmo modo que na Terra os peixes são para viver na água e os pássaros no ar" (Kardec, 2013d, p. 72), conforme demonstra a questão 57 de *O Livro dos Espíritos*. Se em alguns mundos seus corpos são mais sutis, isso se deve à elevação espiritual; em mundos mais primitivos, o corpo físico dos habitantes é mais denso.

Essa diferença ocorre porque, como mencionamos, os espíritos são criados por Deus simples e ignorantes, mas têm como destino progredir continuamente pelo próprio esforço. Entretanto, a jornada é longa, começando nos mundos primitivos, em que as formas são mais grosseiras, e evoluindo até que o ser espiritual atinja a meta da perfeição e suas formas se tornem mais sutis. Como explica Kardec (2013a, p. 186),

Ao mesmo tempo em que criou, desde toda a eternidade, mundos materiais, Deus há criado, desde toda a eternidade, seres espirituais. Se assim não fora, os mundos materiais careceriam de finalidade. Mais fácil seria conceberem-se os seres espirituais sem os mundos materiais, do que estes últimos sem aqueles. Os mundos materiais é que teriam de fornecer aos seres espirituais elementos de atividade para o desenvolvimento de suas inteligências.

Progredir é condição normal dos seres espirituais e a perfeição relativa o fim que lhes cumpre alcançar. Ora, havendo Deus criado desde toda a eternidade, e criando incessantemente, também desde toda a eternidade tem havido seres que atingiram o ponto culminante da escala.

Para entendermos melhor essa questão, retomemos o conceito de *princípio inteligente* – proveniente da inteligência suprema e independente da matéria –, o qual está presente apenas nos seres mais desenvolvidos na escala da evolução animal. A esse princípio se opõe outro tipo de inteligência, conforme demonstraremos a seguir.

Preste atenção!

No reino animal, existe um tipo de inteligência mais rudimentar, sem raciocínio, provocadora de ações automáticas, a qual denominamos **instinto**. Sua função é assegurar o desenvolvimento e a preservação da espécie.

Os instintos são responsáveis por ações espontâneas que tem como finalidade preservar a vida por meio do cumprimento de necessidades básicas, como alimentação, sexo e defesa. Podemos considerar um belo exemplo a organização perfeita das abelhas, assim como os procedimentos das formigas: é como se elas tivessem um guia seguro orientando suas tarefas.

Os espíritos superiores esclarecem essa questão da seguinte maneira:

> **11. Qual a diferença entre o instinto e a inteligência? Onde acaba um e começa o outro? Será o instinto uma inteligência rudimentar, ou será uma faculdade distinta, um atributo exclusivo da matéria?**
>
> **O instinto é a força oculta que solicita os seres orgânicos a atos espontâneos e involuntários, tendo em vista a conservação deles.** Nos atos instintivos não há reflexão, nem combinação, nem premeditação. É assim que a planta procura o ar, se volta para a luz, dirige suas raízes para a água e para a terra nutriente; que a flor se abre e fecha alternadamente, conforme se lhe faz necessário; que as plantas trepadeiras se enroscam em torno daquilo que lhes serve de apoio, ou se agarram com as gavinhas.
>
> [...] No homem, no começo da vida o instinto domina com exclusividade; é por instinto que a criança faz os primeiros movimentos, que toma o alimento, que grita para exprimir suas necessidades, que imita o som da voz, que tenta falar e andar. (Kardec, 2013a, p. 67-68, grifo do original)

Como podemos perceber, o ser humano detém alguns instintos desde o nascimento; entretanto, sua capacidade de raciocinar e escolher, às vezes contrariando os impulsos instintivos, é o que o difere dos animais. A espécie humana comanda suas ações por meio do pensamento, o que possibilita educar e controlar os instintos, adequando-os à convivência com os demais.

O homem possui livre-arbítrio, um atributo exclusivo, e suas decisões são tomadas de acordo com o grau de adiantamento do espírito, que o comanda.

2.4 Origem e natureza dos seres inteligentes: corpo físico, espírito e perispírito

Como já mencionamos, o ser humano é constituído pelo **corpo físico** – seu aspecto material, energia condensada e tangível – e pelo **espírito** – ser inteligente, incorpóreo, intangível e sede do pensamento e da vontade. Agora, esclareceremos como a dupla natureza do ser humano, a material e a espiritual, estão ligadas. O elo que as une é denominado *perispírito*.

O perispírito, também denominado *aura*, *corpo astral* ou *corpo fluídico*, tem sido descrito como corpo sutil ou etéreo desde a Antiguidade. Ele faz parte dos princípios de muitas religiões, como as dos vedas, dos egípcios, dos chineses, dos gregos e dos latinos, e compõe um elemento básico da organização do ser. Nas palavras do apóstolo Paulo aos coríntios (1 Coríntios 15,44), trata-se do **corpo espiritual**.

Na visão espírita, entre o corpo e o espírito existe um intermediário – o perispírito – que funciona como envoltório semimaterial e vaporoso que reveste o espírito e não se extingue com a morte do corpo físico. Nesse envoltório fluídico ficam gravadas todas as experiências que o espírito vivencia: as conquistas, os traumas sofridos, os erros cometidos etc. Sua constituição é de matéria mais rarefeita que o corpo físico, oriunda do fluido cósmico universal. O perispírito acompanha o espírito, dando-lhe individualidade e identidade.

Podemos afirmar que o espírito tem livre-arbítrio e decide, ao passo que o perispírito transmite a vontade do espírito ao corpo físico, que executa a ação.

> 93. O Espírito, propriamente dito, nenhuma cobertura tem ou, como pretendem alguns, está sempre envolto numa substância qualquer?

"Envolve-o uma substância, vaporosa para os teus olhos, mas ainda bastante grosseira para nós; assaz vaporosa, entretanto, para poder elevar-se na atmosfera e transportar-se aonde queira."

Envolvendo o germe de um fruto, há o perisperma; do mesmo modo, uma substância que, por comparação, se pode chamar de *perispírito*, serve de envoltório ao Espírito propriamente dito.

94. De onde tira o Espírito o seu invólucro semimaterial?
"Do fluido universal de cada globo, razão por que não é idêntico em todos os mundos. Passando de um mundo a outro, o espírito muda de envoltório, como mudais de roupa."

a) Assim, quando os Espíritos que habitam mundos superiores vêm ao nosso meio, tomam um perispírito mais grosseiro?
"É necessário que se revistam da vossa matéria, já o dissemos."

95. O invólucro semimaterial do Espírito tem formas determinadas e pode ser perceptível?
"Tem a forma que o Espírito queira. É assim que este vos aparece algumas vezes, quer em sonho, quer no estado de vigília, e que pode tomar forma visível, mesmo palpável." (Kardec, 2013d, p. 89-90)

O perispírito contém o arquivo de todas as experiências do espírito; nele está o registro de sua história completa, desde a criação. Como explicado, uma de suas características é a plasticidade da forma, o que permite ao espírito modelar sua aparência de acordo com as necessidades de cada etapa evolutiva – geralmente, o perispírito conserva a aparência que teve na última encarnação. Tem, ainda, a função de transmitir ao espírito todas as sensações do corpo somático e, ao mesmo tempo, informar ao corpo físico as emoções sentidas pelo espírito. Por isso, o perispírito é o elo de comunicação entre o espírito e o corpo.

Dessa forma, o ser humano é composto por três camadas que se superpõem: espírito, perispírito e corpo físico. O corpo físico, morada provisória do espírito, magnífica e complexa máquina humana, animada pelo princípio vital, é perecível, sofre desgaste em seus órgãos e sistemas à medida que a existência humana avança até se extinguir com a morte, quando sofre desagregação molecular. O perispírito, por sua vez, é o corpo fluídico que reveste o espírito e o acompanha mesmo depois da morte do corpo físico, tornando-se cada vez mais sutil à medida que o espírito evolui. Conserva a individualidade do ser, suas características, méritos e deméritos. Já o espírito, pura energia, não tem forma, podendo ser comparado a "uma chama, um clarão, ou uma centelha etérea" (Kardec, 2013d, p. 88). Ele é a sede da vida inteligente e não se extingue; ao contrário, torna-se cada vez mais evoluído pelo esforço individual na busca da perfeição intelectual e moral.

Quando encarnado, o espírito é uma alma. Para evitar confusão no uso desse termo, voltemos a *O Livro dos Espíritos*:

> 139. Alguns Espíritos e, antes deles, alguns filósofos definiram a alma como: uma centelha anímica emanada do grande Todo. Por que essa contradição?
> "Não há contradição. Tudo depende da acepção das palavras. Por que não tendes uma palavra para cada coisa?".
>
> O vocábulo *alma* se emprega para exprimir coisas muito diferentes. Uns chamam alma ao princípio da vida e, nesta acepção, se pode com acerto dizer, **figuradamente**, que a alma é uma centelha anímica emanada do grande Todo. Estas últimas palavras indicam a fonte universal do fluido vital de que cada ser absorve uma porção e que, após a morte, volta à massa donde saiu. Essa ideia de nenhum modo exclui a de um ser moral, distinto, independente da matéria e que conserva sua individualidade. A esse ser, igualmente, se dá o nome de alma e nesta acepção é que se

pode dizer que a alma é um Espírito encarnado. (Kardec, 2013d, p. 107, grifo do original)

Apresentamos essa explicação porque é comum encontrar esses dois termos, *alma* e *espírito*, como sinônimos. Todavia, nos textos espíritas, alma sempre vai designar o espírito durante sua experiência terrena, ou seja, o "espírito encarnado", como demonstraremos a seguir.

2.5 Encarnação, reencarnação e vida no mundo espiritual

O conhecimento sobre a imortalidade da alma é milenar, vem desde os antigos vedas, com forte influência na Índia e no Egito. Podemos constatar essa certeza por meio dos registros que descrevem a ideia da palingenesia (eterno retorno) em muitas civilizações. Ora, se a alma é imortal, o que acontece com ela após deixar o corpo? Para onde vai e onde fica?

Quando se libertam da vida material, rompendo os laços que as prendem ao corpo físico, as almas voltam a viver no mundo espiritual, onde aguardam seu retorno até a próxima *encarnação*, termo cunhado por Allan Kardec para designar o mergulho do espírito na carne, o nascimento no corpo físico:

> **132. Qual é o objetivo da encarnação dos Espíritos?**
> "Deus lhes impõe a encarnação com o fim de fazê-los chegar à perfeição. Para uns, é expiação; para outros, missão. Mas, para alcançarem essa perfeição, **têm que sofrer todas as vicissitudes da existência corporal**: nisso está a expiação. Visa ainda outro fim a encarnação: o de pôr o Espírito em condições de suportar a parte que lhe toca na obra da Criação. Para executá-la é que, em cada mundo, toma o Espírito um instrumento, de harmonia com

a matéria essencial desse mundo, a fim de aí cumprir, daquele ponto de vista, as ordens de Deus. É assim que, concorrendo para a obra geral, ele próprio se adianta."

A ação dos seres corpóreos é necessária à marcha do Universo. Deus, porém, na sua sabedoria, quis que nessa mesma ação eles encontrassem um meio de progredir e de se aproximar dele. Deste modo, por uma admirável lei da Providência, tudo se encadeia, tudo é solidário na Natureza. (Kardec, 2013d, p. 105, grifo do original)

Nesse trecho, há duas ideias que vale a pena esmiuçar: expiação e missão. Com relação à **expiação**, podemos deduzir que a justiça divina, ao possibilitar nova encarnação ao espírito, permite-lhe, em sua rota evolutiva, novas oportunidades para refazer as experiências malogradas. É por intermédio de vivências compartilhadas com seus afetos e desafetos que ele vai construindo a própria história, refaz caminhos e tem a chance de polir as arestas do seu caráter. Há encarnações, por vezes, dolorosas, com limitações graves, distúrbios de ordem física ou mental, relacionamentos conflituosos e constantes reveses. No entanto, não se trata de castigo divino: é apenas o cumprimento da lei de ação e reação, pois, como diz a sabedoria popular, "aqui se faz, aqui se paga".

Quando os espíritos respondem a Kardec que uma encarnação pode ser **missão**, eles estão se referindo às situações nas quais espíritos com merecimento para habitar mundos mais evoluídos optam por retornar à Terra para colaborar com o progresso espiritual de seres amados que ainda se debatem com vícios e comportamentos equivocados. São espíritos que já atingiram grau superior de adiantamento na escala evolutiva por esforço e mérito próprios, mas que renunciam a experiências compatíveis com a condição conquistada para se doar aos seus afetos ou trabalhar na defesa de uma causa. Isso lhes dá a chance de contribuírem para o progresso do meio no qual se encontram.

Assim, chegamos a um novo conceito: **reencarnação**. Assim como a imortalidade da alma é um conhecimento proveniente de antigas civilizações que viveram em lugares como Índia, Caldeia, Assíria, Egito, Pérsia, Roma e Grécia, também o é a crença na possibilidade de o espírito imortal ter vidas sucessivas. Não vamos nos aprofundar nesse resgate histórico, mas é certo que, sob outros nomes, a ideia já existia. Temos o exemplo no Evangelho, no qual há o relato de Jesus ter afirmado que João Batista havia sido Elias (Mateus, 17, 9-13).

Allan Kardec, com a ajuda dos espíritos, apenas cunhou novo termo e, juntos, trouxeram à luz explicações bastante coerentes:

> **166. Como pode a alma, que ainda não alcançou a perfeição durante a vida corpórea, acabar de depurar-se?**
>
> "Sofrendo a prova de uma nova existência."
>
> **a) Como realiza essa nova existência? Será pela sua transformação como Espírito?**
>
> "Depurando-se, a alma indubitavelmente experimenta uma transformação, mas para isso necessária lhe é a prova da vida corporal."
>
> **b) A alma passa então por muitas existências corporais?**
>
> "Sim, todos contamos muitas existências. Os que dizem o contrário pretendem manter-vos na ignorância em que eles próprios se encontram. É o desejo deles."
>
> **c) Parece resultar desse princípio que a alma, depois de haver deixado um corpo, toma outro, ou, então, que reencarna em novo corpo. É assim que se deve entender?**
>
> "Evidentemente." (Kardec, 2013d, p. 123)

Portanto, todos os espíritos passam por inúmeras existências até atingir a perfeição, que é o seu destino. Essa trajetória demonstra a misericórdia da justiça divina; é o Pai dando chances ao filho de arrependimento e de correção de suas falhas por meio do esforço e desejo de melhorar.

A reencarnação começa no momento da concepção, quando o perispírito do reencarnante se acopla ao embrião por meio de "um laço fluídico" e vai se unindo a ele, molécula a molécula, durante a formação do feto. Assim, o espírito fica ligado à sua forma material; entretanto, a reencarnação só ficará completa no momento do nascimento. O processo é lento, conforme elucidam os espíritos a Kardec (2013d, p. 194):

> **344. Em que momento a alma se une ao corpo?**
> "A união começa na concepção, mas só se completa por ocasião do nascimento. Desde o instante da concepção, o Espírito designado para habitar certo corpo a este se liga por um laço fluídico, que cada vez mais vai se apertando até o instante em que a criança vê a luz. O grito, que o recém-nascido solta, anuncia que ele se conta no número dos vivos e dos servos de Deus."

O perispírito é esse laço fluídico que vai se apertando, como se fosse uma planta se enraizando no solo. Embora esse processo de união fique concluído no momento do nascimento, o perfeito acoplamento vai se completar no decorrer dos primeiros anos de vida. Uma vez de volta ao novo corpo físico, isto é, reencarnado, o espírito trará marcas das experiências anteriores gravadas em seu inconsciente e viverá a nova oportunidade de acordo com o que programou enquanto estava no mundo espiritual. Como isso ocorre? A seguir esclareceremos um pouco a **vida no mundo espiritual**.

Já mencionamos que quando o princípio vital se extingue o corpo físico morre, rompem-se os laços e o espírito se desliga dele, como se uma lâmpada se apagasse. Porém, o espírito, envolto em seu perispírito, continua vivo e mantém sua individualidade. Ele retorna à verdadeira vida, que é a espiritual, como espírito livre, levando consigo as lembranças e o registro das experiências boas e más pelas quais passou enquanto esteve encarnado. É como um nascimento ao contrário: ele reencontra parentes e amigos que o precederam no túmulo, os quais pretendem ajudá-lo nesse momento tão importante.

Dependendo do tipo de vida que levou, da elevação do pensamento e do grau de conhecimento sobre o fenômeno natural da morte, o espírito recobra mais ou menos rapidamente a consciência de quem foi na última existência, assim como nas anteriores. Se durante a vida foi muito voltado aos interesses materiais, aos quais estava excessivamente apegado, terá um desligamento do perispírito mais lento e penoso e sentirá perturbação mais intensa:

165. O conhecimento do Espiritismo exerce alguma influência sobre a duração, mais ou menos longa, da perturbação?
"Influência muito grande, por isso que o Espírito já antecipadamente compreendia a sua situação; mas a prática do bem e a consciência pura são o que maior influência exercem."

Por ocasião da morte, tudo, a princípio, é confuso. De algum tempo precisa a alma para entrar no conhecimento de si mesma. Ela se acha como que aturdida, no estado de uma pessoa que despertou de profundo sono e procura orientar-se sobre sua situação. A lucidez das ideias e a memória do passado lhe voltam à medida que se apaga a influência da matéria que ela acaba de abandonar, e à medida que se dissipa a espécie de névoa que lhe obscurece os pensamentos. (Kardec, 2013d, p. 120)

Com a desencarnação, o espírito agora livre assume a condição de "espírito errante" e se aproxima de outros que se encontram em condições semelhantes de adiantamento intelectual e moral. Como mencionamos, ele é recebido no mundo espiritual pelos seus afins e fica no estado de **erraticidade** durante um tempo, cuja duração depende do seu grau de adiantamento ou necessidade. Existem espíritos elevados que ficam na erraticidade desempenhando missões por tempo prolongado, sendo, até mesmo, opcional a reencarnação. Enquanto estiver na erraticidade, ele se prepara para nova reencarnação. Ali estuda, trabalha e progride, orientado por espíritos mais elevados, se já tiver vontade e se esforçar para progredir. Pode desenvolver inúmeras atividades.

Os espíritos atrasados, porém, podem fazer uso inadequado do tempo em que estiverem na erraticidade, pouco aproveitando esse período para sua evolução. Podem até mesmo se juntar a outros em condição semelhante para atuarem, em conjunto, influenciando negativamente os encarnados. Esse tipo de espírito tem percepções limitadas, mas sensações exacerbadas, sofrendo "angústias morais, que o torturam mais dolorosamente do que todos os sofrimentos físicos" (Kardec, 2013d, p. 162). Eles afirmam sentir frio, calor, sede, fome, ódio e rancor em grau muito intenso; contudo, esse sofrimento não é corporal, pois o corpo não mais existe – trata-se da lembrança arquivada em sua memória (registro periespiritual). Abordaremos esse assunto, em detalhes, mais adiante.

234. Há, de fato, como já foi dito, mundos que servem de estações ou pontos de repouso aos Espíritos errantes?

"Sim, há mundos particularmente destinados aos seres errantes, mundos que lhes podem servir de habitação temporária, espécies de bivaques [acampamento provisório], de campos onde descansem de uma demasiado longa erraticidade, estado este sempre um tanto penoso. São, entre os outros mundos, posições intermédias, graduadas de acordo com a natureza dos Espíritos que a elas podem ter acesso e onde eles gozam de maior ou menor bem-estar."

a) Os Espíritos que habitam esses mundos podem deixá-los livremente?

"Sim, os Espíritos que se encontram nesses mundos podem deixá-los, a fim de irem aonde devam ir. Figurai-os como bandos de aves que pousam numa ilha, para aí aguardarem que se lhes refaçam as forças, a fim de seguirem seu destino."

235. Enquanto permanecem nos mundos transitórios, os Espíritos progridem?
"Certamente. Os que vão a tais mundos levam o objetivo de se instruírem e de poderem mais facilmente obter permissão para passar a outros lugares melhores e chegar à perfeição que os eleitos atingem." (Kardec, 2013d, p. 156)

A vida no mundo espiritual é muito intensa e corresponde à nossa verdadeira vida. No entanto, para evoluir e cumprir o destino de todos, que é a perfeição, são necessárias inúmeras experiências como espírito encarnado, devendo-se seguir a rota do aprimoramento moral.

2.6 A pluralidade das existências e o esquecimento do passado

Renascer muitas vezes para progredir é lei natural e prova da justiça divina. Não existem espíritos escolhidos por Deus para receber benesses ou privilégios; boas condições espirituais sempre dependem de esforço próprio. Conhecer a possibilidade de inúmeras existências como fator do espírito é reconfortante para todos nós.

Como mencionamos anteriormente, enquanto permanece na erraticidade, no intervalo entre duas encarnações, o espírito pode desenvolver um programa de melhoramento progressivo, que depende apenas de sua vontade, ou seja, de seu livre-arbítrio. Ele pode estudar, trabalhar e progredir. Esse esforço para aperfeiçoar-se amplia sua visão sobre os aspectos que precisa corrigir e representa crédito na escolha das provas às quais será submetido na nova existência corpórea.

Em síntese, o espírito pode escolher o gênero de provas pelas quais passará a fim de corrigir as falhas anteriores; às vezes, opta por repetir as experiências nas quais fracassou:

> **264. Que é o que dirige o Espírito na escolha das provas que queira sofrer?**
> "Ele escolhe, de acordo com a natureza de suas faltas, as que o levem à expiação destas e a progredir mais depressa. Uns, portanto, impõem a si mesmos uma vida de misérias e privações, objetivando suportá-las com coragem; outros preferem experimentar as tentações da riqueza e do poder, muito mais perigosas, pelos abusos e má aplicação a que podem dar lugar, pelas paixões inferiores que uma e outro desenvolvem; muitos, finalmente, se decidem a experimentar suas forças nas lutas que terão de sustentar em contato com o vício." (Kardec, 2013d, p. 171)

Tais provações na nova encarnação serão o cadinho purificador, embora durante ela o espírito goze o benefício do **esquecimento temporário** das causas dos seus sofrimentos.

Feito o planejamento da próxima encarnação, o espírito se prepara para mergulhar em uma nova existência corporal. Como na sua programação estão previstas as provas que deverá enfrentar, desde o preparo do novo corpo físico ele se baseia no tipo de experiência futura que terá. Exemplos disso são limitações como a cegueira, a surdez, o autismo e as deficiências intelectual e motora, que podem ser decorrentes de atos praticados em existências anteriores.

Ao iniciar a nova vida, a misericórdia divina poupa o espírito da lembrança de tais atos, levando-o a recomeçar como se fosse a primeira vez. Porém, o espírito pode ter vagas recordações, como *flashes* ocasionais, além de tendências que manifesta desde a infância. Algumas são boas, indicando o caminho do progresso; outras, instintivas, hostis ou destruidoras, às quais sua intuição orienta a resistir e corrigir.

O sucesso nesse embate interior representa o controle do espírito sobre as más inclinações e sua vitória no esforço para o aprimoramento. Conforme orienta Kardec (2013d, p. 213),

> As vicissitudes da vida corpórea constituem expiação das faltas do passado e, simultaneamente, provas com relação ao futuro. A natureza dessas vicissitudes e das provas que sofremos também nos podem esclarecer acerca do que fomos e do que fizemos, do mesmo modo que neste mundo julgamos os atos de um culpado pelo castigo que lhe inflige a lei. Assim, o orgulhoso será castigado no seu orgulho, mediante a humilhação de uma existência subalterna; o mau rico, o avarento, pela miséria; o que foi cruel para os outros, pelas crueldades que sofrerá; o tirano, pela escravidão; o mau filho, pela ingratidão de seus filhos; o preguiçoso, por um trabalho forçado etc.

Bem, diante de tantos exemplos reunidos por Kardec, só nos resta concluir que o esquecimento das vidas pregressas é uma bênção pela qual devemos agradecer à sabedoria divina.

Síntese

Neste capítulo, abordamos alguns dos princípios essenciais para a compreensão do espiritismo. Nesse sentido, esclarecemos que:

- todos os homens trazem dentro de si um sentimento instintivo referente à existência de Deus. Isso porque, diante da perfeição da obra Criação, reconhece-se que seu autor só pode ser uma inteligência superior;
- a matéria é o agente, o intermediário com o auxílio do qual e sobre o qual o espírito atua. O espírito, por sua vez, é o princípio inteligente do Universo – sem ele, a matéria estaria em permanente estado de divisão;
- a matéria é movida pelo princípio vital, uma modificação do fluido universal. Sem o princípio vital, a matéria morre e se desorganiza;

- a morte ocorre quando se extingue o fluido vital que animava o corpo físico. Nesse momento, o princípio inteligente – o espírito – se desliga da matéria e passa para o plano espiritual;
- o ser humano é constituído por corpo físico, espírito e perispírito, sendo o último formado por uma substância semimaterial e vaporosa que envolve o espírito;
- Deus impõe ao espírito a encarnação com a finalidade de fazê-lo atingir a perfeição – para uns como forma de expiação; para outros, como forma de missão;
- quando se liberta da vida material, o espírito volta a viver no mundo espiritual, onde aguarda seu retorno até a próxima reencarnação, e assim sucessivamente, até atingir o ponto máximo da evolução;
- "A doutrina da reencarnação, isto é, a que consiste em admitir para o Espírito muitas existências sucessivas, é a única que corresponde à ideia que formamos da Justiça de Deus para com os homens que se acham em condição moral inferior" (Kardec, 2013d, p. 125). Essa é uma certeza consoladora para os espíritas.

INDICAÇÕES CULTURAIS

O FILME dos espíritos. Direção: André Marouço e Michel Dubret. Brasil: Paris Filmes 2011. 105 min.

O filme apresenta oito pequenas histórias inspiradas em temas de *O Livro dos Espíritos*, o primeiro livro da Codificação Kardequiana. São episódios que retratam situações do cotidiano e cujas respostas ou soluções podem ser encontradas com a ajuda dos princípios do espiritismo. Cada um deles tem elenco e direção de arte e fotografia específicos.

Atividades de autoavaliação

1. Assinale a alternativa **incorreta** sobre o conceito de Deus para a doutrina espírita.

    a] A crença em um Deus único é antiga, já apregoada na Antiguidade por sacerdotes e seguidores de seitas oriundas do Oriente.

    b] Deus é a inteligência suprema, a causa primária de tudo, o motor que comanda o movimento dos mundos.

    c] Deus se manifesta exigente, vingativo na sua justiça, estabelecendo a lei do "olho por olho, dente por dente", conforme registra a Bíblia.

    d] Deus é o Pai de todos os homens, Pai de infinita bondade, justiça e misericórdia.

    e] Todo homem, inconscientemente, carrega dentro de si a crença na existência de Deus, tendo em vista a perfeição da obra da Criação.

2. Analise as afirmações a seguir e marque V para a(s) verdadeira(s) e F para a(s) falsa(s).

    [ ] Desde longa data os cientistas interpretam de forma semelhante a formação da Terra, a origem da vida e a formação dos seres vivos.

    [ ] Em sua gênese, há aproximadamente seis bilhões de anos, o planeta Terra era um amontoado de gases que se movimentava ao redor de um eixo e que acabou se solidificando.

    [ ] O povoamento da Terra se deu aos poucos, devido às condições ambientais que permitiram o desenvolvimento da vida no planeta, inicialmente formado pela condensação de gases.

    [ ] Quando o ser orgânico morre, o princípio vital volta ao fluido cósmico universal de onde saiu, e os elementos que o compõem sofrem novas combinações, das quais resultam novos seres.

Agora, assinale a alternativa que apresenta a sequência correta:
A] V, V, F, F.
B] V, F, V, F.
C] F, V, F, V.
D] F, V, V, V.
E] V, F, F, V.

3. De acordo com a doutrina espírita, o ser humano é constituído por: corpo físico (seu aspecto material), espírito (ser inteligente, incorpóreo, intangível) e perispírito.

   Tendo em vista essas definições, leia com atenção as alternativas a seguir e assinale aquela que **não** se refere ao perispírito.
   A] Elo que une o corpo físico e o espírito, constituindo-se como elemento básico da organização do ser.
   B] Aura, corpo astral ou corpo fluídico oriundo do fluido cósmico universal.
   C] Corpo sutil ou etéreo que se extingue na morte junto com o corpo físico.
   D] Envoltório semimaterial e vaporoso que acompanha o espírito após a morte.
   E] Envoltório semimaterial e maleável que se molda de acordo com a vontade do espírito.

4. Leia atentamente o parágrafo a seguir.

   Quando se libertam da vida material, rompendo os laços que os prendem ao corpo físico, as almas ou espíritos voltam a viver no mundo espiritual, onde aguardam seu retorno até a próxima *encarnação*, termo cunhado por Allan Kardec para designar o mergulho do espírito na carne; isto é, o nascimento no corpo físico. Alguns espíritos reencarnam para expiar seus erros; outros pedem a Deus para voltar com a missão de auxiliar seus afetos ou para defender uma causa.

Com base nesse trecho, analise as seguintes afirmações:

I. Quando espíritos com merecimento para habitar mundos mais evoluídos optam por retornar à Terra a fim de colaborar com o progresso espiritual de seres amados que ainda se debatem com vícios e comportamentos equivocados, dizemos que eles estão em expiação.
II. As reencarnações têm como objetivo o adiantamento do espírito e sua capacitação para participar do progresso do mundo onde habita, num processo de cocriação.
III. Para cumprir sua tarefa evolutiva, o espírito deve adaptar-se fisicamente às condições do mundo no qual reencarna.
IV. Quando reencarna para prosseguir sua caminhada em busca da perfeição, o espírito que cometeu equívocos encontra obstáculos de caráter expiatório, que deverá superar para demonstrar seu amadurecimento de ordem moral.

Agora, assinale a alternativa correta:

A] todas as afirmações são verdadeiras.
B] apenas a afirmação I é falsa.
C] apenas as afirmações III e IV são falsas.
D] apenas as afirmações II e IV são verdadeiras.
E] apenas a afirmação II é verdadeira.

5. Sobre a reencarnação, é correto afirmar que:
   A] o perfeito acoplamento do espírito ao corpo se dá no nascimento.
   B] o espírito se liga ao corpo por um laço fluídico nos primeiros anos de vida.
   C] a reencarnação começa no momento da concepção.
   D] o espírito reencarnado não carrega marcas das experiências anteriores.
   E] a reencarnação se completa já no momento da concepção do embrião.

Atividades de aprendizagem

Questões para reflexão

1. Quais as funções do corpo físico e da alma? Por que o primeiro é transitório e a segunda, imortal?
2. Explique a diferença, dentro da doutrina espírita, entre os conceitos de *espírito* e *alma*.

Atividade aplicada: prática

1. Pesquise os argumentos históricos, filosóficos e metafísicos que defendem a ideia da existência de Deus. Em seguida, monte um quadro identificando separadamente esses argumentos.

A COMUNICABILIDADE DOS ESPÍRITOS

Neste capítulo, examinaremos a comunicabilidade dos espíritos, um dos princípios básicos do espiritismo, por meio do intercâmbio mediúnico entre os planos físico e espiritual. Também demonstraremos as categorias de espíritos e como eles podem interferir na vida cotidiana das pessoas.

A doutrina espírita é uma ciência prática e experimental que utiliza a mediunidade em suas diversas formas de expressão, regulando a ação dos médiuns quando eles atuam como intérpretes ou intermediários, servindo de veículo para a comunicação com os desencarnados.

Para fundamentar nossa abordagem, utilizamos as obras *O Livro dos Espíritos*, que aborda os princípios gerais da filosofia espírita; e *O Livro dos Médiuns*, que trata dos aspectos científicos da doutrina, expondo e regulamentando os cuidados e os perigos que envolvem as manifestações experimentais da mediunidade.

Interrompa sua leitura por alguns instantes e reflita sobre o conhecimento que já tem sobre a comunicabilidade dos espíritos. Nesse sentido, é válido ressaltar que quase todos nós acumulamos algum tipo de informação sobre a influenciação espiritual: ouvimos casos de pessoas, conhecidas ou não, que vivenciaram situações de premonição e avisos sobre perigos; de casas mal-assombradas; de videntes que prometem descortinar o futuro; de sonhos com seres amados que estão no além-túmulo etc. Isso quer dizer que alguma coisa já sabemos acerca desse singular mundo dos espíritos. Dessa forma, vamos organizar essas ideias a seguir.

3.1 As diferentes ordens de espíritos: progressão e ocupações dos espíritos

No capítulo anterior demonstramos que os espíritos nada mais são do que as almas das pessoas que já deixaram esta vida. Se na vida terrena os espíritos foram boas pessoas e agiram corretamente, no estado de erraticidade – período em que aguardam, no plano espiritual, uma nova reencarnação – eles conservarão suas qualidades. No entanto, se durante a vida terrena tiveram atitudes de perversidade, hipocrisia ou fanfarronice, podemos deduzir que chegarão do outro lado com os mesmos vícios de caráter. Essa situação poderá ser modificada à medida que o espírito for percebendo a necessidade de evolução (conscientização moral). No entanto, apenas essa consciência não o habilita para esse progresso – daí a necessidade de se retornar à vida corpórea muitas vezes. Em outras palavras, o espírito precisa tomar a decisão de melhorar, devendo trabalhar para atingir graus mais elevados no caminho da perfeição.

Uma coisa é certa: o espírito jamais regride. Pode estacionar durante muito tempo e até regredir em sua morfologia perispiritual por anos, séculos ou milênios, visto que o tempo e o espaço na vida espiritual são percebidos de forma diferente da nossa (na condição de encarnados). Contudo, suas conquistas espirituais sempre estarão preservadas, tal como o aluno que acumulou conhecimentos até o oitavo ano e não voltará ao jardim de infância para reaprender o beabá.

Os espíritos, na sua longa trajetória evolutiva, se reúnem quando se identificam pelas mesmas afinidades morais, intelectuais e espirituais, formando verdadeiras famílias ou sociedades – o que os aproxima é a sintonia de pensamentos e intenções. Podem pertencer a grupos organizados, a exemplo das nossas cidades, que contam com múltiplos setores, inclusive a marginalidade. Bons e maus espíritos convivem, mas não se misturam, como acontece com nossos vizinhos – pertencemos ao mesmo condomínio, mas não estamos necessariamente juntos (estamos apenas lado a lado).

Para esclarecer essa questão, identificaremos as diferentes ordens de espíritos apresentadas a Allan Kardec, com a observação de que tal classificação foi estabelecida "conforme o grau de perfeição [...] alcançado" pelo espírito (Karded, 2013d, p. 90). Embora essa escala não seja rígida, ela leva em conta suas qualidades, boas ou más, considerando que o progresso espiritual é gradativo e que um espírito pode avançar mais em uma direção e ficar em atraso em outra.

Assim, os espíritos podem ser distribuídos, em ordem crescente de desenvolvimento, em: "terceira ordem – espíritos imperfeitos; segunda ordem – bons espíritos; e primeira ordem – espíritos puros" (Kardec, 2013d, p. 90). A seguir apresentamos cada uma delas, tomando como base pequenas partes da longa descrição que se encontra em *O Livro dos Espíritos*.

Terceira Ordem – Espíritos imperfeitos

101. CARACTERES GERAIS. – Predominância da matéria sobre o espírito. Propensão para o mal. Ignorância, orgulho, egoísmo e todas as paixões que lhes são consequentes.

Têm a intuição de Deus, mas não o compreendem.

Nem todos são essencialmente maus. Em alguns há mais leviandade, irreflexão e malícia do que verdadeira maldade. Uns não fazem nem o bem nem o mal; mas, pelo simples fato de não fazerem o bem, já denotam sua inferioridade. Outros, ao contrário, se comprazem no mal e rejubilam quando uma ocasião se lhes depara de praticá-lo.

Fonte: Kardec, 2013d, p. 93.

Nessa terceira ordem, podemos distinguir cinco classes de espíritos (Kardec, 2013d):

- **Impuros**: se comprazem com o mal, são grosseiros e dominados pela inferioridade moral e intelectual.
- **Levianos**: são inconsequentes e, às vezes, maliciosos, zombeteiros e brincalhões. Não têm preocupação com a verdade e gostam de intrigas e confusões.
- **Pseudossábios**: acreditam que sabem muito, por isso são presunçosos, orgulhosos, moralistas e preconceituosos; fazem belos discursos sem profundidade e sem consistência.
- **Neutros**: são indiferentes – não praticam nem o bem nem o mal. Medianos em inteligência e moral, são apegados às preocupações e paixões corriqueiras da vida material.
- **Batedores e perturbadores**: muito apegados à matéria, podem pertencer a uma das classes anteriores – o que os distingue é a forma de comunicação, que geralmente se dá por meio de efeitos físicos.

O que predomina entre esses espíritos é o **baixo grau de desenvolvimento moral**. É o caso daqueles que, por exemplo, quando encarnados, se destacam na área intelectual como verdadeiros expoentes, capazes de grandes feitos em áreas como a medicina e a astronomia, mas que, em relação ao aspecto moral, permanecem retidos na falta de ética e depravação dos costumes.

Da mesma forma que se comportavam na vida corpórea, assim se conduzem na vida espiritual; e quando se manifestam, mantêm suas características, rindo, batendo, xingando e afirmando intenções de ódio, rancor e vingança – às vezes, ameaçando seus desafetos e perseguindo-os. Esses espíritos têm sucesso em seus intentos quando, pela sintonia do pensamento, induzem os encarnados a atitudes agressivas contra si mesmos e contra outros. Há situações em que compartilham assassinatos, suicídios, drogadição e quadros de desequilíbrio mental. Lembremos, porém, que eles jamais conseguem sucesso se não houver sintonia entre encarnado e desencarnado. Não podemos atribuir nossas más inclinações à influência espiritual – eles só se aproximam de nós quando abrimos espaço em nosso campo mental. Adiante explicaremos melhor como ocorre essa interferência.

Em seguida, com a progressiva tomada de consciência sobre o processo de evolução, o espírito se esclarece, se instrui e se dá conta de que tudo no Universo está ligado. Dessa forma, ele começa a compreender a lei natural de causa e efeito (se prejudicar alguém, é a si mesmo que prejudica) e a aspirar pelo progresso que ocorrerá de acordo com seu livre-arbítrio. Por fim, ele inicia seu período de regeneração com a passagem para uma ordem superior: a segunda ordem.

Segunda Ordem – Bons Espíritos

107. CARACTERES GERAIS. – Predominância do Espírito sobre a matéria; desejo do bem. Suas qualidades e poderes para o bem estão em relação com o grau de adiantamento que hajam alcançado; uns têm a ciência, outros a sabedoria e a bondade. Os mais adiantados reúnem o saber às qualidades morais. Não estando ainda completamente desmaterializados, conservam mais ou menos, conforme a categoria que ocupem, os traços da existência corporal, assim na forma da linguagem, como nos hábitos, entre os quais se descobrem mesmo algumas de suas manias. De outro modo, seriam Espíritos perfeitos.

Compreendem Deus e o infinito e já gozam da felicidade dos bons. São felizes pelo bem que fazem e pelo mal que impedem.

Fonte: Kardec, 2013d, p. 96.

Os **bons espíritos** são aqueles que, quando encarnados, **se destacam pelo amor que demonstram**, especialmente aos mais vulneráveis; que se preocupam com as pessoas, com os animais e se dedicam aos cuidados com a natureza, a fim de garantir o bem-estar e a transformação deste mundo em outro melhor, mais justo e solidário. São benevolentes, se interessam realmente pelos demais e fazem de tudo para melhorar as condições daqueles que os cercam.

Ainda não atingiram a perfeição, mas já conseguem ficar felizes em praticar o bem e distantes de sentimentos mesquinhos como ódio, cobiça, inveja, orgulho, egoísmo e desejo do mal. Há situações em que estão encarnados com uma programação de provas – muitas vezes duras – que enfrentam sem revolta, porque as compreendem como etapas necessárias para sua evolução espiritual.

Na segunda ordem, há quatro classes de espíritos (Kardec, 2013d):

- **Benévolos**: têm na bondade sua principal característica, embora ainda precisem desenvolver o aspecto intelectual.
- **Sábios**: detêm muito conhecimento e são propensos aos estudos científicos, aos quais priorizam; no entanto, falta-lhes desenvolver a bondade e o amor ao próximo.
- **De sabedoria**: aliam a grande capacidade intelectual à moral elevada, destacando-se pela constante preocupação com o progresso geral.
- **Superiores**: "em si reúnem a ciência, a sabedoria e a bondade" (Kardec, 2013d, p. 97). São os bons gênios ou espíritos protetores que, quando desencarnados, protegem os encarnados e os incentivam na prática de boas ações, procurando afastá-los do mal.

É um longo caminho em busca da perfeição. Para chegar ao topo da escalada, sua trajetória é sempre assinalada por experiências muito diversas, em diferentes mundos, com atribuições distintas. Jamais há o descanso eterno; ao contrário, quanto mais evolui, mais o espírito trabalha – primeiro pela própria evolução e depois, quando mais esclarecido, pelo bem geral e em benefício de todas as criaturas no mundo no qual transita.

Finalmente, com o desenvolvimento pleno de todas as potencialidades, o espírito atinge a primeira ordem.

> **Primeira Ordem – Espíritos puros**
>
> 112. CARACTERES GERAIS. – Nenhuma influência da matéria. Superioridade intelectual e moral absoluta, com relação aos Espíritos das outras ordens.
>
> 113. PRIMEIRA CLASSE. CLASSE ÚNICA – Os Espíritos que a compõem percorreram todos os graus da escala e se despojaram de todas as impurezas da matéria. Tendo alcançado a soma de perfeição de que é suscetível a criatura, não têm mais que sofrer provas, nem expiações. Não estando mais sujeitos à reencarnação em corpos perecíveis, realizam a vida eterna no seio de Deus.
>
> Gozam de inalterável felicidade, porque não se acham submetidos às necessidades, nem às vicissitudes da vida material. Essa felicidade, porém, não é a de uma **ociosidade monótona, a transcorrer em perpétua contemplação**. Eles são os mensageiros e os ministros de Deus, cujas ordens executam para a manutenção da harmonia universal.

Fonte: Kardec, 2013d, p. 98, grifo do original.

Chegar ao topo da hierarquia, à condição de **espírito puro**, demanda muito esforço e muito tempo. Sair da ignorância, desviar-se do caminho fácil das tentações do mundo e assumir o controle das sensações, dos sentimentos e das emoções, utilizando o livre-arbítrio para escolher o desenvolvimento integral, constitui uma luta sem tréguas. Porém, nessa batalha rumo à condição de espírito puro, temos uma certeza: a vitória sobre nós mesmos.

Quando chegaremos lá? A resposta está dentro de cada um de nós e depende do nosso esforço pessoal. O importante é dar o primeiro passo nessa busca infinita.

Devemos lembrar que a escala representa uma hierarquia que traça os limites (tênues) de uma categoria para outra, o que permite o avanço paulatino.

> **274. Da existência de diferentes ordens de Espíritos, resulta para estes alguma hierarquia de poderes? Há entre eles subordinação e autoridade?**
>
> "Muito grande. Os Espíritos têm uns sobre os outros a autoridade correspondente ao grau de superioridade que hajam alcançado, autoridade que eles exercem por um ascendente moral irresistível."
> (Kardec, 2013d, p. 176)

Dessa explicação podemos deduzir a possibilidade de, organizados em grupos com fins elevados ou reunidos para a prática de atos prejudiciais aos encarnados, haver o comando de um superior ou chefe que orienta as ações.

> **279. Todos os Espíritos têm reciprocamente acesso aos diferentes grupos ou sociedades que eles formam?**
>
> "Os bons vão a toda parte e assim deve ser, para que possam influir sobre os maus. As regiões, porém, que os bons habitam são interditadas aos Espíritos imperfeitos, a fim de que não as perturbem com suas paixões inferiores." (Kardec, 2013d, p. 177)

Conforme é possível perceber, existe a possibilidade de os espíritos circularem quando estão livres do corpo físico. Portanto, isso ocorre também ao nosso redor: mesmo que invisíveis, os espíritos podem ficar ao nosso lado, acompanhando as atividades que desenvolvemos. Aproximam-se pela afinidade que percebem em nossos pensamentos, sentimentos e ações, os quais criam um campo vibracional (nossa psicosfera). Pela sintonia, vibrando na mesma faixa, estabelecemos contato, seja por amizade, seja por antipatia.

3.2 A intervenção dos espíritos no mundo corporal e durante a emancipação da alma – no sono e nos sonhos

Já demonstramos o quão é grande a diversidade entre os espíritos, que eles habitam o mundo espiritual e que estão em permanente trânsito, podendo percorrer o espaço muito rapidamente para reunir-se em grupos afins ou ficar ao nosso lado, mesmo que não os vejamos. Com relação à proximidade dos espíritos inferiores, Kardec (2013d, p. 177) apresentou a seguinte dúvida:

> **281. Por que os Espíritos inferiores se comprazem em nos induzir ao mal?**
> "Pelo despeito que lhes causa o não terem merecido estar entre os bons. O desejo que neles predomina é o de impedirem, quanto possam, que os Espíritos ainda inexperientes alcancem o supremo bem. Querem que os outros experimentem o que eles próprios experimentam. Isso não se dá também entre vós outros?"

Muito se ouve falar sobre a influência dos espíritos, algumas vezes até tomamos conhecimento de relatos de pessoas que depois de cometerem atos ilícitos culpam "vozes" ou "forças estranhas" pelas ações. Como isso ocorre?

Para o espiritismo, existe sim essa possibilidade; entretanto, o ser humano possui livre-arbítrio justamente para tomar a decisão, a qual não é imposta por uma inteligência externa. Por mais forte que seja, cabe a ele aceitar ou não uma sugestão, e isso vale tanto para o mal quanto para o bem. Não se pode culpar o outro por aquilo que fazemos, e embora se reconheça a **faculdade que os espíritos têm de penetrar os pensamentos dos encarnados**, o indivíduo pode reagir, decidindo se deve ou não seguir a ideia recebida. Devemos lembrar também que pode ocorrer de pessoas com transtornos psiquiátricos apresentarem sintomas semelhantes, como se alguém sugerisse determinadas atitudes. Antes de atribuir culpa aos espíritos, deve ser averiguada a possibilidade de doença mental.

Um espírito pode influenciar os seres humanos tanto nas atividades corriqueiras do dia a dia quanto durante o sono, quando ocorre a **emancipação da alma**. Essa influência é uma possibilidade real. Na condição de encarnado, o espírito está ligado ao corpo físico pelo perispírito, constituindo uma unidade, uma individualidade. Durante o sono, quando o corpo adormece e repousa, seu espírito envolto pelo corpo perispiritual desliga-se parcialmente, mantendo-se ligado ao corpo apenas por um "fio invisível" – segundo os videntes, "um cordão prateado", maleável e muito flexível, que se estende de acordo com a vontade do espírito. Esse cordão vinculante, que deixa o corpo adormecido e permite ao espírito deslocar-se ao encontro de outros espíritos, visitar diferentes lugares, trabalhar ou estudar, só se romperá no momento da morte.

Assim, o espírito encarnado pode ir a mundos mais elevados ou inferiores, guiado pela afinidade, geralmente para encontrar antigos afetos ou, até mesmo, para estar com seres que lhe são antipáticos. No dia seguinte, ao acordar, a pessoa não se lembra desses deslocamentos; às vezes, relata sonhos que nada mais são do que lembranças fugazes da experiência vivida durante a emancipação, e desse intercâmbio restam impressões que se misturam com suas preocupações cotidianas, quando acordado.

Às vezes, os sonhos são tão diferentes da realidade material que chegam a impressionar pelo absurdo; em outras situações, se mostram tão nítidos que parecem reais. Geralmente, não é possível dar-lhes sentido; porém, há aqueles sonhos que são pressentimentos, como se fossem avisos sobre situações futuras. Temos um exemplo disso na Bíblia Sagrada, no relato do sonho que o Faraó do Egito teve com sete vacas gordas e sete espigas de milho gordas, seguidas de sete vacas magras e sete espigas de milho também magras (Gênesis, 41,1-7). Foi José, filho de Jacó e Raquel, quem decifrou o sonho do Faraó, possibilitando ao Faraó prevenir-se no período de fartura e, assim, evitar a fome do seu povo no tempo de seca prolongada. Essa premonição acertada deu motivo para José ser nomeado chanceler do Egito (Gênesis, 41,8-44). É possível inferir que o guia espiritual do Egito avisou em sonho, e a mediunidade de José permitiu a correta interpretação dele. Podemos também exemplificar essa questão com a passagem bíblica que narra o nascimento de João Batista, reencarnação do profeta Elias, que um anjo anunciou a Zacarias (Lucas, 1,11-17).

Há também circunstâncias que ficam na lembrança, como diálogos, inspirações, conselhos, frases soltas ou sons – alguns dizem que até esboços de desenhos ou textos. Podemos verificar aí forte indício de interferência de outras inteligências (os espíritos) se comunicando diretamente. Temos no Evangelho de Mateus um belo exemplo desse fenômeno, que foi o sonho de José, no qual um anjo apareceu e o aconselhou a fugir para o Egito, a fim de preservar a vida do Menino Jesus.

Há outra situação que merece nossa consideração: o **sonambulismo**. Sobre isso, Allan Kardec (2013d, p. 224-225) fez a seguinte pergunta aos espíritos:

> **425. O sonambulismo natural tem alguma relação com os sonhos? Como explicá-lo?**
> "É um estado de independência do Espírito, mais completo do que no sonho, estado em que maior amplitude adquirem suas

faculdades. A alma tem então percepções de que não dispõe no sonho, que é um estado de sonambulismo imperfeito."

No sonambulismo, o Espírito está na posse plena de si mesmo. [...].

426. O chamado sonambulismo magnético tem alguma relação com o sonambulismo natural?

"É a mesma coisa, com a diferença de ser provocado."

427. De que natureza é o agente que se chama fluido magnético?

"Fluido vital, eletricidade animalizada, que são modificações do fluido universal."

Allan Kardec, antes de se dedicar à codificação da doutrina espírita, foi um magnetizador experiente. Ele utilizava o magnetismo para fazer o diagnóstico e a terapia de doenças, com a contribuição de sensitivas que, por meio da hipnose (uma das técnicas de tratamento terapêutico muito em voga na época), serviam como instrumentos de cura. Nessas sessões ocorria o sonambulismo provocado pelo magnetizador.

Provavelmente por isso ele teve a preocupação de esclarecer detalhadamente esse ponto para não confundir com o sonambulismo espontâneo, que ocorre durante o sono. Podemos deduzir que o magnetismo foi o precursor do espiritismo, e isso é confirmado por diversos estudiosos. De acordo com Kardec (2013d, p. 234),

> Quando o sonâmbulo descreve o que se passa a distância, é evidente que vê, mas não com os olhos do corpo. Vê-se a si mesmo e se sente transportado ao lugar onde vê o que descreve. Lá se acha, pois, alguma coisa dele e, não podendo essa alguma coisa ser o seu corpo, necessariamente é sua alma ou Espírito.

De qualquer maneira, nas duas situações (provocado ou espontâneo) o sonâmbulo tem a visão ampliada ou total, enxergando através de corpos opacos e a distância, muitas vezes captando comunicações que podem ser de bons espíritos, seus protetores ou guias espirituais; ou, pelo contrário, de espíritos imperfeitos e perturbadores.

3.2.1 Anjos da guarda e espíritos protetores

Quando nos referimos aos espíritos protetores e guias espirituais – ou, como se diz em algumas religiões, aos *anjos da guarda* –, estamos reconhecendo a possibilidade de manutenção dos laços afetivos na vida espiritual, bem como a existência de um espírito protetor que acompanha cada indivíduo. Eles são espíritos superiores que já atingiram grau elevado na escala espiritual e escolhem acompanhar, orientar e guiar o espírito que vai reencarnar. Isso ocorre antes de seu nascimento, quando é feito o planejamento para a próxima encarnação e o guia firma o pacto de acompanhá-lo durante a jornada terrestre.

> **IMPORTANTE!**
> Os espíritos protetores podem ser familiares ou amigos de longa data que avançaram mais rapidamente na rota do progresso e que, em virtude do afeto que sentem, decidem contribuir para que o outro cresça também.

O papel do guia espiritual é semelhante ao de um pai ou uma mãe que se dedica ao filho: ele auxilia o encarnado para que tenha sucesso nas provas da vida terrena. Sua função não é evitá-las, mas amparar seu pupilo, sugerindo e aconselhando sempre que necessário – daí o motivo da denominação *anjo guardião*.

Temos também os amigos de luz, espíritos protetores que nos querem bem e se interessam pela nossa vida, auxiliando-nos nas dificuldades e fortalecendo nossa vontade nos momentos de provação. É a harmonia de pensamentos e atitudes que atrai os bons espíritos e os mantêm perto de nós. Já explicamos que os espíritos interferem na vida dos encarnados de acordo com a sintonia que existe entre eles. No dizer popular: "semelhante atrai semelhante".

Tal sintonia, quando de baixa qualidade em razão de vícios, maus hábitos e pensamentos egoístas ou maldosos, atrai espíritos imperfeitos e impede a aproximação dos espíritos mais evoluídos, mesmo do protetor individual. Não que o anjo da guarda se afaste ou desista de seu protegido; ele simplesmente não consegue agir em virtude da inferioridade do campo vibracional. A mente humana é como o *dial* de um rádio: se estamos sintonizados numa frequência, não podemos ouvir outra estação com frequência diferente. A conduta dos homens e dos espíritos gera consequências – de acordo com a lei de ação e reação – que criam uma cadeia ininterrupta no destino das criaturas.

Além da presença constante e invisível na vida diária durante a vigília ou no período de sono, os espíritos podem se comunicar utilizando intermediários – os médiuns –, incumbidos de fazer a ligação entre o plano físico e o espiritual. Abordaremos essa questão na seção a seguir.

3.3 A mediunidade e as diferentes expressões da comunicação mediúnica

Com muito respeito e atenção, aprofundaremos um pouco mais as noções já conhecidas, a fim de demonstrar a mediunidade em suas diversas formas de expressão e a formação dos médiuns no seu papel de intermediários entre dois mundos.

A **mediunidade** não é propriedade da doutrina espírita. De acordo com a história universal, ela está presente desde tempos imemoriais. Podemos iniciar com o exemplo de Moisés, que recebeu as tábuas da lei por meio de um fenômeno mediúnico de escrita direta; também consta nas Escrituras que o nascimento de João

Batista foi anunciado pela aparição de um anjo, que confirmou a reencarnação do profeta Elias. A mediunidade é uma faculdade comum, uma característica orgânica; não representa privilégio de alguns nem está restrita a poucos escolhidos, embora muitos medianeiros se destaquem pelo seu exercício missionário, como foi o caso de Francisco Cândido Xavier (1910-2002) – mais conhecido como Chico Xavier –, o maior médium do Brasil.

> **IMPORTANTE!**
>
> **Médiuns** são as pessoas sensíveis à presença de espíritos desencarnados, visto que dispõem de um organismo com propriedades favoráveis ao intercâmbio. Podem ter maior ou menor facilidade para intermediar, conforme o tipo das manifestações espíritas. Como é uma faculdade que precisa de burilamento, podemos considerá-la um dom a ser desenvolvido pelo estudo e pela prática.

O mestre lionês Allan Kardec, ao aceitar a mediunidade após observar inúmeros médiuns, como já mencionamos, apresentou muitas dúvidas aos espíritos superiores, que, coordenados pelo Espírito de Verdade (conforme esse Ser se identificou no início das comunicações escritas), foram esclarecendo o que é a mediunidade e como ocorre o fenômeno mediúnico. Para compreensão geral, Kardec organizou tais esclarecimentos em um livro, *O Livro do Médiuns*, publicado em 1861. Essa obra contém a parte experimental, a prática da ciência espírita, que se alastrou rapidamente e despertou grande interesse tanto de meros curiosos quanto também de estudiosos sérios. Não é um manual de instruções, mas um guia, uma orientação necessária e segura para todos aqueles que desejam conhecer o espiritismo com seriedade, o qual fornece os meios e a variedade de formas para a comunicação com os seres espirituais.

É importante ressaltar que para a ocorrência das manifestações mediúnicas, é relevante o papel do perispírito – envoltório semimaterial do espírito que se combina com o perispírito do médium, necessariamente possuidor de sensibilidade para tal feito. Em **todas as comunicações existe um espírito**, um ser inteligente, agindo para que elas ocorram, e ele "precisa, pois, de matéria para atuar sobre a matéria" (Kardec, 2016b, p. 67).

Convém observar que as comunicações espirituais refletem o adiantamento ou o atraso dos espíritos comunicantes – pelo nível de sua manifestação, podemos inferir sua condição espiritual. Podem ser de caráter sério e orientador, visando contribuir para a elevação moral dos encarnados, ou ter caráter fanfarrão ou chulo, buscando enganar ou iludir os que as provocam. É sempre uma questão de sintonia entre os dois agentes: o encarnado e o do além-túmulo.

São muitas as situações que confirmam a mediunidade, demonstrando que os seres invisíveis, sobreviventes à morte do corpo material, podem agir sobre a matéria para chamar nossa atenção. Para isso, eles utilizam dois tipos de manifestação: de efeitos físicos e de efeitos intelectuais. Explicaremos detalhadamente cada um deles.

Manifestações de efeitos físicos

Nessa categoria, os fenômenos mais surpreendentes são as materializações de espíritos que podem até interagir com as pessoas presentes, como as conhecidas materializações de Katie King. Há também a levitação, cujo fenômeno mais célebre aconteceu com o médium escocês Daniel Douglas Home, que, em 1868, teria levitado – passou através da janela de sua casa em Londres para entrar pela janela de um vizinho, a 24 metros de altura, diante de muitas testemunhas.

Contudo, os fenômenos mais comuns são os que produzem efeitos materiais, muitas vezes bruscos: ruídos, pancadas secas, pancadas alfabéticas, arremesso de objetos e deslocamento e/ou movimentos de objetos. Foram esses "fenômenos tiptológicos" que despertaram a curiosidade das pessoas. Podemos citar como exemplos as mesas girantes; os ruídos que ocorreram na casa de Kardec; as mesas suspensas no espaço; as "casas mal-assombradas" – nas quais portas se abrem e luzes se acendem sem nenhuma interferência humana; a escrita direta (pneumatografia), como no caso das Pedras da Lei recebidas por Moisés; e o transporte de flores e bombons presenciados por Kardec. Conta-se que o próprio Kardec (2016b, p. 78-81), impressionado com as manifestações físicas, questionou seus orientadores:

> VIII. Como pode um Espírito produzir o movimento de um corpo sólido?
> "Combinando uma parte do fluido universal com o fluido que o médium emite, próprio a aquele feito."
> [...]
> X. Os Espíritos que aquele que deseja mover um objeto chama em seu auxílio são-lhe inferiores? Estão-lhe sob as ordens?
> "São-lhe iguais, quase sempre. Muitas vezes acodem espontaneamente."
> [...]
> [...] Esta grosseria do perispírito, dando-lhe mais afinidade com a matéria, torna os Espíritos inferiores mais aptos às manifestações físicas.

Devemos registrar que as manifestações espirituais de efeitos físicos predominaram no período inicial do espiritismo, em razão de seu caráter ostensivo. Porém, com o passar dos anos e a consolidação da doutrina espírita, elas foram diminuindo. Ainda ocorrem, mas em número mais reduzido, se comparadas com as manifestações de efeito inteligente.

Os fenômenos físicos podem ser espontâneos ou provocados. Para que ocorram, são necessários médiuns que tenham condições adequadas para os efeitos de tangibilidade, visibilidade e transporte de objetos. Isso se dá com a doação espontânea de **ectoplasma** – emissão abundante de fluido vital.

Os médiuns de efeitos físicos não interferem nos fenômenos, apenas doam suas energias vitais. A força inteligente é o espírito que usa tais energias vitais e orgânicas, combinando-as com sua energia semimaterial, oriunda do perispírito. Podemos analisá-las em tipos distintos de fenômenos, cada um exigindo características especiais dos médiuns. São eles:

- **Tiptologia**: pancadas e ruídos. Foi o primeiro tipo de manifestação ostensiva e chamou muita atenção das pessoas da época. Ocorreu de duas formas: pela sematologia (linguagem por sinais convencionados) e, posteriormente, pela tiptologia alfabética (alfabeto combinado entre os assistentes e os manifestantes). Era um processo moroso e exaustivo, mas usado até para longas mensagens.
- **Efeitos motores**: produzem movimentos nos corpos inertes. Sob sua ação os objetos se movem, se erguem e giram em todos os sentidos, sem contato.
- **Translações, suspensões ou transportes**: movimentam objetos sem ponto de apoio, deslocando-os de pontos distantes, chegando até à levitação do médium.
- **Efeitos musicais**: execução de músicas sem instrumentos musicais.
- **Aparições ou materializações de espíritos**: fluídicas ou tangíveis.
- **Pneumatografia**: escrita direta, sem uso de instrumentos (muito raro de acontecer).

- **Pneumatofonia**: gritos, palavras e vozes que se fazem ouvir claramente, interna ou externamente, como se saídas do ar ou "sopradas" por alguém.
- **Curadores**: cura ou alívio de dores com imposição das mãos ou somente pela prece.

Manifestações de efeitos inteligentes

Os médiuns recebem e transmitem comunicações dos espíritos que decidem se comunicar por meio de sua organização psíquica. É um ato intencional, livre e voluntário de um espírito desencarnado que solicita a comunicação (isto é, não pode ser forçada pelo médium). Nesse momento ocorre a irradiação perispiritual que o médium também recebe perispiritualmente, acolhe e responde, demonstrando sua aceitação. Ocorre então o entrosamento perispiritual entre ambos, em sintonia.

Alguns tipos de médiuns, conforme as manifestações espirituais de efeitos inteligentes, são:

- **Sensitivos ou impressionáveis**: são aqueles que sentem a presença dos seres desencarnados, tendo apenas uma impressão difusa que não conseguem explicar. Quando aprimoram essa sensibilidade, são capazes de distinguir se estão presentes bons espíritos ou espíritos imperfeitos apenas pela energia que eles emanam.
- **Videntes**: sua sensibilidade é para as manifestações visuais, como as aparições, isto é, espíritos que se tornam visíveis quando o médium está acordado para provar sua sobrevivência ou até mesmo para assustar, dependendo da categoria do espírito que se manifesta. São comuns as aparições durante o sono (visões), mas elas também podem ocorrer à luz do dia ou à noite, quando o médium está em estado de vigília. Muitas vezes, o médium relata que vê os espíritos, embora permaneça

de olhos fechados. Para isso, é preciso que disponha de uma organização física especial, que possibilite o fenômeno. São possíveis também as aparições tangíveis (materializações), mas é raro elas acontecerem.

Nessa categoria também podemos incluir a **bicorporeidade**, que são aparições dos espíritos de pessoas encarnadas ou homens duplos, como ocorreu com Santo Antonio de Pádua, conforme relatado em sua biografia. Enquanto fazia sermão na Espanha, apareceu ao seu pai na cidade de Lisboa. É um fenômeno muito raro, que Kardec descreve em *O Livro dos Médiuns*, assim como a **transfiguração**, que "consiste na mudança do aspecto de um corpo vivo" (Kardec, 2016b, p. 133). Ambas são modificações no perispírito da pessoa viva – não há interferência de espírito desencarnado.

Alguns videntes são capazes de ver todos os espíritos que estão no ambiente, flores e objetos que os circundam e até a expressão dos sentimentos destes, além de conseguirem descrever minuciosamente cenas e reuniões.

- **Audientes**: são os médiuns que ouvem e transmitem o que o espírito está falando. Eles conversam com os espíritos, ouvindo suas vozes, que podem ser muito nítidas ou parecerem apenas vozes interiores.
- **Falantes**: utilizam a psicofonia para o intercâmbio com os espíritos – "neles, o Espírito atua sobre os órgãos da palavra" (Kardec, 2016b, p. 176). Sua mediunidade, geralmente, é inconsciente – muitas vezes, fala com palavreado diferente do seu habitual e até em língua distinta da sua. Pode ter intuição sobre o conteúdo daquilo que o espírito falou por meio de seu aparelho fonador.
- **Psicógrafos ou escreventes**: a psicografia pode ser direta ou indireta. A indireta já descrevemos anteriormente, ao tratar do uso da cestinha nas mesas falantes ou girantes. Já a direta

pode ser dividida em três categorias: mecânica, intuitiva e semimecânica.

- **mecânica**: quando o espírito atua sobre o médium. É a forma de comunicação dos espíritos mais rápida e direta, podendo ser efetivada por meio de cartas, avisos, recados e livros. De acordo com Kardec (2016b, p. 169, grifo do original), o "Espírito que se comunica [pela psicografia] age sobre o médium que, debaixo dessa influência, move **maquinalmente** o braço e a mão, sem ter (é pelo menos o caso mais comum) a consciência do que escreve; a mão atua sobre a cesta e a cesta sobre o lápis".
- **intuitiva**: o espírito atua sobre a alma do médium, imprimindo-lhe sua vontade. O médium, no entanto, não fica inconsciente:

    A transmissão do pensamento também se dá por meio do espírito do médium, ou melhor, de sua alma, pois que por este nome designamos o espírito encarnado. O Espírito livre, neste caso, não atua sobre a mão para fazê-la escrever; não a toma, não a guia. Atua sobre a alma, com a qual se identifica. A alma [o médium], sob esse impulso, dirige a mão e esta dirige o lápis. [...] Em tal circunstância, o papel da alma não é o de inteira passividade; ela recebe o pensamento do Espírito livre e o transmite. Nessa situação, o médium tem consciência do que escreve, embora não exprima o seu próprio pensamento. (Kardec, 2016b, p. 187)

- **semimecânica**: alia os dois tipos anteriores. Esse é um tipo de mediunidade muito difundido, talvez o mais comum. O espiritismo tem um número muito grande de publicações obtidas por meio dessa faculdade mediúnica, com médiuns que possuem essa "aptidão especial" e se destacam pela dedicação à causa espírita. Nosso maior exemplo foi Chico Xavier.

- **Curadores**: são os médiuns que recebem a influência de espíritos dedicados às questões de saúde. De acordo com Kardec (2016b, p. 182-183),

    Diremos apenas que este gênero de mediunidade consiste, principalmente, no dom que possuem certas pessoas de curar pelo simples toque, pelo olhar, mesmo por um gesto, sem o concurso de qualquer medicação. Dir-se-á, sem dúvida, que isto mais não é do que magnetismo. Evidentemente, o fluido magnético desempenha aí importante papel; porém, quem examina cuidadosamente o fenômeno sem dificuldade reconhece que há mais alguma coisa. A magnetização ordinária é um verdadeiro tratamento a ser seguido, regular e metódico; no caso que apreciamos, as coisas se passam de modo inteiramente diverso. Todos os magnetizadores são mais ou menos aptos a curar, desde que saibam conduzir-se convenientemente, ao passo que nos médiuns curadores a faculdade é espontânea e alguns até a possuem sem jamais terem ouvido falar de magnetismo. A intervenção de uma potência oculta, que é o que constitui a mediunidade, se faz manifesta, em certas circunstâncias, sobretudo se consideramos que a maioria das pessoas que podem, com razão, ser qualificadas de médiuns curadores recorre à prece, que é uma verdadeira evocação. [...]

    Nesse caso, há também ação magnética, ou apenas influência dos Espíritos?
    "Uma e outra coisa. Essas pessoas são verdadeiros médiuns, pois que atuam sob a influência dos Espíritos; isso, porém, não quer dizer que sejam quais médiuns curadores, conforme o entendes."

Na mediunidade curadora, o médium pode agir de três maneiras: pela **imposição das mãos**, transmitindo a própria energia, combinada com a energia do espírito que se manifesta;

pela **água magnetizada** ou **fluidificada**, para a qual são transferidas essas energias; ou pela **prece**, quando se irradiam, pelo pensamento, as energias combinadas.

- **Sonambúlico**: diferente do sonâmbulo, que se desliga do corpo físico e age por si mesmo, o médium sonambúlico fica passivamente à mercê do espírito comunicante. Quando Kardec iniciou suas observações sobre as manifestações inteligentes, suas principais médiuns eram mocinhas com esse tipo de mediunidade, conhecidas como *sensitivas* ou *sonâmbulas*, as quais escreviam automaticamente enquanto conversavam sobre outros assuntos. Elas desconheciam completamente o teor das perguntas do codificador e as respectivas respostas do grupo de espíritos que as ditava. Nesse estado, o médium pode ouvir, falar e ver os espíritos, além de escrever mecanicamente.

- **Inspirados**: são os médiuns que recebem ideias sobre assuntos nos quais não estavam focados ou completamente diversas das suas, muitas vezes contrariando sua posição pessoal. Eles, nitidamente, sentem uma espécie de interferência, algo que provém de outra inteligência, uma **inspiração**. Pode ser uma inspiração positiva ou negativa, dependendo do espírito que a produz.

> **IMPORTANTE!**
> Podemos considerar inspiração quando, pela prece, invocamos nosso anjo da guarda/protetor espiritual/mentor e sentimos que ele nos atende com boas sugestões para a solução de problemas. A inspiração também ocorre ao solicitarmos assistência para escrever, pintar, desenhar ou compor.

A mediunidade[1] é um campo de trabalho que exige do medianeiro muito esforço no estudo e na prática do bem, com devotamento para servir àqueles que por ele se manifestam. O *médium*, neologismo criado por Kardec, é o ser humano que tem o dom de captar as influências dos espíritos com maior facilidade, servindo como ponte entre dois mundos. É uma característica que aflora espontaneamente, na maioria das vezes, e se direciona mais para um ou outro tipo de manifestação, como uma "aptidão especial" para determinado tipo de mediunidade, conforme descrevemos anteriormente.

O médium é um espírito encarnado como todos os demais, com qualidades, defeitos, dificuldades e problemas. Entretanto, para desempenhar bem a função de intermediário, ele deve se aprimorar continuamente, buscando a elevação de pensamento e a prática de ações de benemerência.

Devemos considerar o médium um trabalhador amigo; um irmão que se dedica à tarefa de intermediário entre o mundo invisível e o material, com o entendimento pleno da importância de sua nobre tarefa no auxílio aos necessitados, encarnados e desencarnados. Contudo, é importante salientar que ele não deve receber nada em troca além das bênçãos da Grande Luz. Esse é o caminho para aproximá-lo da espiritualidade superior.

Preste atenção!

Assim como nas demais religiões, também no espiritismo há aqueles que fazem uso indevido de suas práticas, cometendo abusos e crimes. Nesse sentido, podemos destacar o **charlatanismo** de médiuns que visam ao lucro e à fama; as **fraudes** de ditos espíritas; as **previsões** atribuídas a espíritos de pessoas famosas; e as

---

[1] Caso deseje se aprofundar no fascinante e inesgotável tema da mediunidade, sugerimos que reexamine as questões que levantamos na obra *O Livro dos Médiuns*.

mistificações destinadas a enganar a boa-fé dos incautos. Não vale a pena nos atermos a esmiuçar esses fatos. Podemos afirmar, porém, que o espiritismo combate com veemência qualquer forma de exploração ou conduta prejudicial a quem quer que seja.

Isso porque a conduta do verdadeiro espírita é pautada em valores morais de elevada estirpe. Os princípios doutrinários exigem que seus adeptos se dediquem constantemente à reforma moral, combatendo os maus pendores e praticando a máxima "Fora da caridade não há salvação". Também é sempre importante alertar que é preciso ter cuidado com os "falsos profetas" e com as "comunicações apócrifas".

Em *O Livro dos Médiuns*, Kardec (2016b, p. 81) questiona:

> **XV. Pode o Espírito atuar sem o concurso de um médium?**
> "Pode atuar à revelia do médium. Quer isso dizer que muitas pessoas, sem que o suspeitem, servem de auxiliares aos Espíritos. Delas haurem os Espíritos, como de uma fonte, o fluido animalizado de que necessitem. Assim é que o concurso de um médium, tal como o entendeis, nem sempre é preciso, o que se verifica principalmente nos fenômenos espontâneos."

Para receber as comunicações, o médium pode "evocar" os espíritos, provocando sua manifestação, ou isso pode ocorrer espontaneamente, mesmo à sua revelia – quando o movimento inicial é do desencarnado. O desenvolvimento mediúnico deve estar associado à evolução moral da criatura e deve ser vivenciado no dia a dia; ser médium é abrir um canal que pode ser disponibilizado ou bloqueado, como veremos mais adiante.

> **PRESTE ATENÇÃO!**
> Os espíritos superiores são identificados pelo teor das suas comunicações, sempre pautadas na moral do Evangelho: amar ao próximo como a si mesmo e a Deus acima de todas as coisas.

3.4 Os fluidos e seus elementos

Referimo-nos inúmeras vezes aos fluidos e às relações fluídicas, especialmente quando tratamos da mediunidade. Agora, retomaremos alguns conceitos para compreender melhor a ação dos espíritos sobre eles.

3.4.1 Fluido universal ou fluido cósmico universal

Trata-se da matéria primordial, básica para a formação dos mundos e de todos os seus elementos; é a "substância matriz", uma substância rarefeita, etérea, de constituição sutil e vaporosa, que existe em todos os seres orgânicos e inorgânicos e na qual tudo está mergulhado. É o elemento primitivo indispensável à intermediação entre o espírito e a matéria propriamente dita, que assume os estados de **eterização ou imponderabilidade** (que podemos considerar seu estado normal primitivo) e de **materialização ou ponderabilidade** (ao se transformar de fluido em matéria tangível).

Os fluidos que envolvem os espíritos maus são desagradáveis, viciosos e nocivos, ao passo que os que recebem a influência dos bons espíritos são tão puros quanto o grau de perfeição moral destes.

O fluido universal é permanente e perpassa todos os componentes do Universo. Ele apresenta duas propriedades: é intangível (princípio do qual tudo deriva) e pode se modificar. Suas transformações, quando tangíveis, formam os diferentes corpos da matéria inerte – que não são uniformes, e sim muito maleáveis.

3.4.2 Fluido vital ou princípio vital

Trata-se de uma modificação do fluido cósmico universal que existe em todos os seres vivos, o qual é primordial à sua existência. Não é inteligente nem individualizado: é o princípio da vida orgânica de todos eles.

O fluido vital é imponderável e tem a função de animar os corpos dos vegetais, dos animais e dos homens (matéria orgânica), dando-lhes vitalidade e os diferenciando dos seres inorgânicos. Ele é mantido pelo funcionamento contínuo dos órgãos, e quando essa ação deixa de existir, por excessos ou pelo desgaste natural, ocorre a morte do corpo físico, e o princípio vital volta ao fluido cósmico universal de onde saiu.

Ao nascer, cada criança assimila certa quantidade de fluido vital a fim de que seu corpo material tenha vida e se desenvolva, como ao se abastecer um tanque de combustível com capacidade programada para determinado percurso. É sobre esse fluido magnético (ou eletricidade) animal que se dão as ações de magnetismo, como já ressaltamos.

Quando ocorre a morte, o espírito se desprende do corpo físico inanimado e, como continua vivo (pois é imortal), leva consigo seu envoltório semimaterial, o perispírito, formado por matéria compatível com a "atmosfera espiritual da Terra" (Kardec, 2013a, p. 245). Posteriormente, o fluido vital se desprende do corpo físico, em decomposição, e retorna ao fluido cósmico universal. Segundo Kardec (2013a, p. 245), "os fluidos mais próximos da materialidade, os menos puros, conseguintemente, compõem o que se pode chamar *a atmosfera espiritual da Terra*".

3.5.3 Princípio espiritual

Para agir sobre a matéria densa, apenas os seres humanos detêm o princípio inteligente, que é o espírito ou princípio espiritual, uma individualidade incorpórea, porém indestrutível e independente da matéria, que emana os próprios fluidos, como seu hálito e sua atmosfera espiritual.

> **PRESTE ATENÇÃO!**
> Muitas vezes, utiliza-se a expressão *fluidos espirituais* para definir esse princípio. Nesse sentido, Kardec (2013a, p. 246) esclarece o seguinte:
>
> Não é rigorosamente exata a qualificação de *fluidos espirituais*, pois que, em definitivo, eles são sempre matéria mais ou menos quintessenciada. De realmente *espiritual*, só a alma ou princípio inteligente. Dá-se-lhes essa denominação por comparação apenas e, sobretudo, pela afinidade que eles guardam com os Espíritos. Pode dizer-se que são a matéria do mundo espiritual, razão por que são chamados de *fluidos espirituais*.

O espírito tem a capacidade – maior ou menor, de acordo com seu nível de desenvolvimento – de manipular os fluidos espirituais que se encontram na atmosfera espiritual da Terra. Sua ação sobre eles é definida pela força de pensamento e vontade para criar, modificar ou combinar a atmosfera que os envolve, isto é, o fluido cósmico universal. Como ilustra Kardec (2013a, p. 250), trata-se da "grande oficina ou laboratório do mundo espiritual".

Observe que o perispírito, também designado como *corpo fluídico*, envolve o espírito (o princípio inteligente do Universo), servindo como um segundo corpo que pode ser observado pelos médiuns videntes – geralmente, apresenta as feições que o espírito tinha em sua última encarnação. Porém, sua aparência pode se modificar por vontade própria. São o pensamento e a vontade que orientam as manifestações espirituais, conforme já demonstramos, e que explicam os fenômenos encarados pelos leigos como sobrenaturais. Com base nisso, podemos identificar as diferenças entre as manifestações de espíritos com maior ou menor grau de evolução e seus efeitos.

A vontade e o pensamento do espírito combinam o fluido universal e o fluido magnético dos médiuns para que sua ação sobre a matéria produza efeitos físicos, como ruídos, barulhos, movimentos de objetos e até aparições. Em outras palavras, o pensamento "cria fluidicamente os objetos" (Kardec, 2013a, p. 251), que são efêmeros e se desfazem assim que o espírito deixa de mantê-los com seu pensamento e sua vontade.

Importante!

Há bons e maus fluidos espirituais, os quais dependem da qualidade moral de seus emissores:

> Há mais: criando **imagens fluídicas**, o pensamento se reflete no envoltório perispirítico, como num espelho; toma nele corpo e aí de certo modo se **fotografa**. Tenha um homem, por exemplo, a ideia de matar a outro: embora o corpo material se lhe conserve impassível, seu corpo fluídico é posto em ação pelo pensamento e reproduz todos os matizes deste último; executa fluidicamente o gesto, o ato que intentou praticar. (Kardec, 2013a, p. 251, grifo do original)

Síntese

Neste capítulo demonstramos:
- a possibilidade de comunicação entre os espíritos desencarnados (ditos mortos) e os encarnados (ditos vivos);
- de que forma os espíritos interferem na vida cotidiana;
- como estão divididas as classes de espíritos (terceira ordem: espíritos imperfeitos; segunda ordem: bons espíritos; e primeira ordem: espíritos puros);
- a faculdade que os espíritos têm de penetrar os pensamentos dos encarnados e sua influência oculta;

- a emancipação da alma durante o sono, os sonhos e o sonambulismo e a diferença entre esses estados;
- os anjos da guarda – espíritos protetores de elevada categoria que se dedicam ao indivíduo desde seu nascimento;
- a sintonia entre espíritos e encarnados (por afeição ou antipatia);
- o papel dos médiuns e sua formação como parte integrante da atividade mediúnica;
- as diferentes linguagens no intercâmbio entre os dois planos da vida e os mecanismos desse relacionamento;
- a natureza e as propriedades dos fluidos;
- a ação dos espíritos sobre os fluidos e as qualidades destes.

Indicações culturais

NOSSO lar. Direção: Wagner de Assis. Brasil: Fox Filmes, 2010. 109 min.

Com roteiro baseado no aclamado livro psicografado por Chico Xavier, ditado pelo espírito do médico André Luiz, o filme retrata o despertar desse espírito após a morte.

André Luiz é surpreendido por uma realidade espiritual jamais imaginada por ele quando ainda vivia no Rio de Janeiro, onde deixou a mulher e os três filhos.

É um relato impressionante sobre as condições de vida dos espíritos abrigados em Nosso Lar, uma colônia que se localiza nas proximidades da Terra.

Atividades de autoavaliação

1. Leia com atenção as afirmações a seguir e marque V para a(s) verdadeira(s) e F para a(s) falsa(s).
    [ ] No estado de erraticidade – período em que aguardam, no plano espiritual, uma nova reencarnação –, os espíritos conservam suas qualidades e defeitos morais.

[ ] A situação de sofrimento na erraticidade poderá ser modificada quando o espírito se conscientizar moralmente e tomar a decisão de melhorar.

[ ] O espírito pode regredir durante muito tempo, por anos, séculos ou milênios, sem preservar suas conquistas espirituais.

[ ] Os espíritos, na sua longa trajetória evolutiva, se reúnem quando se identificam pelas mesmas afinidades morais, intelectuais e espirituais, formando verdadeiras famílias ou sociedades.

Agora, assinale a alternativa que apresenta a sequência correta:

A] V, V, F, F.
B] V, F, V, F.
C] V, F, F, V.
D] V, V, V, V.
E] V, V, F, V.

2. Leia com atenção o texto a seguir e complete a lacuna.

Há grande diversidade de espíritos no mundo espiritual, os quais podem ser enquadrados em três categorias: espíritos imperfeitos, bons espíritos e espíritos puros. Eles estão em permanente trânsito, podendo percorrer o espaço muito rapidamente para se reunir em grupos afins ou para ficar ao nosso lado, mesmo que não os vejamos. Embora invisíveis, podem acompanhar as atividades que desenvolvemos e influenciar nossas vidas. Aproximam-se pela _____, que percebem em nossos pensamentos, sentimentos e ações, os quais criam um campo vibracional (nossa psicosfera). É ao vibrar na mesma frequência que estabelecemos contato, alguns pela amizade, outros por antipatia. A isso o espiritismo chama de *interferência espiritual*.

Assinale a alternativa cujas palavras completam corretamente a lacuna.

A) afinidade ou sintonia.
B) evocação ou simpatia.
C) sintonia ou influência.
D) simpatia ou evocação.
E) afinidade ou influência.

3. Analise os motivos que levam um guia espiritual a escolher seu pupilo e assinale a alternativa **incorreta**.

    A) Para contribuir com o avanço do outro.
    B) Em razão do afeto que sente pelo pupilo, visto que geralmente é algum familiar ou amigo de longa data que avançou mais rapidamente na rota do progresso.
    C) Para evitar que ele sofra e passe por provas na vida terrena.
    D) Para assumir papel semelhante ao de um pai ou uma mãe que se dedica ao filho.
    E) Para amparar e aconselhar o pupilo sempre que necessário.

4. Sobre a mediunidade, assinale a alternativa **incorreta**.

    A) A mediunidade é uma faculdade comum, uma característica orgânica; não representa privilégio de alguns nem está restrita a poucos escolhidos.
    B) A mediunidade é uma propriedade da doutrina espírita que está presente desde o início do espiritismo.
    C) Para a ocorrência das manifestações mediúnicas, é relevante o papel do perispírito do comunicante, o qual se combina com o do médium.
    D) Médiuns são pessoas sensíveis à presença de espíritos desencarnados, visto que dispõem de um organismo com propriedades favoráveis ao intercâmbio.
    E) Os médiuns atuam como intérpretes ou intermediários no processo de comunicação entre encarnados e desencarnados.

5. Faça a **associação** entre as expressões usadas pelos espíritas e os conceitos correspondentes.

   I. Fluido universal ou fluido cósmico universal
   II. Fluido vital ou princípio vital
   III. Princípio inteligente
   IV. Ectoplasma

   [ ] Modificação do fluido cósmico universal que existe em todos os seres vivos e que é primordial à sua existência. Não é inteligente nem individualizado: é o princípio da vida orgânica de todos eles.

   [ ] Emissão abundante de fluido vital do médium que possibilita os efeitos de tangibilidade, visibilidade e transporte de objetos pelos espíritos em manifestações de efeitos físicos.

   [ ] Matéria primordial, básica para a formação dos mundos e de todos os seus elementos; é a "substância matriz", uma substância rarefeita, etérea, de constituição sutil e vaporosa, que existe em todos os seres orgânicos e inorgânicos e na qual tudo está mergulhado.

   [ ] Individualidade incorpórea, porém indestrutível e independente da matéria, que emana os próprios fluidos, que são como seu hálito e sua atmosfera espiritual.

   Agora, assinale a alternativa que apresenta a sequência correta.

   A) I, III, II, IV.
   B) IV, II, I, III.
   C) II, IV, III, I.
   D) II, IV, I, III.
   E) III, IV, I, III.

Atividades de aprendizagem

Questões para reflexão

1. Por que o espiritismo condena que as atividades mediúnicas sejam cobradas? Se um médium cobrar pela ajuda fornecida, isso acarreta algum tipo de consequência?
2. De que modo os espíritos podem intervir no mundo corporal de maneira benéfica?

Atividades aplicadas: prática

1. Você já sentiu algum tipo de influência espiritual ou sonhou que esteve em lugares nunca vistos? Sentiu arrepios ou situações em que parece ter alguém lhe dando uma ideia?
   Entreviste um médium para que ele esclareça suas dúvidas quanto à parte experimental do espiritismo. Anote suas conclusões e elabore um texto com as principais ideias.
2. Com base no conteúdo tratado neste capítulo, reflita a respeito de sua experiência religiosa e, por meio de um texto, estabeleça as possíveis conexões entre ela e a proposta do espiritismo.
3. Pare um instante, respire fundo, desligue-se do mundo exterior e faça a si mesmo(a) as seguintes perguntas: De onde vim? Quando será o meu momento final? Como ocorrerá a minha morte? O que será de mim? Para onde irei? Pensando na vida que eu levo, nas minhas rotinas diárias, nos sonhos que alimento, nos seres que amo e nos meus objetivos de vida, será que estou preparado para deixar tudo isso? Com base no que foi abordado neste capítulo, elabore um texto que comtemple esses aspectos.

4
A RELIGIÃO ESPÍRITA E O EVANGELHO DE JESUS

Você já sabe que a doutrina espírita tem tríplice aspecto: filosofia, ciência e religião. Já apresentamos a filosofia espírita, indicando os princípios norteadores que a caracterizam; e a ciência espírita, com os fundamentos e o embasamento do aspecto prático do espiritismo. Agora, para completar o tripé que sustenta a doutrina espírita, apresentaremos a religião espírita, uma suave doutrina de amor pautada no Evangelho de Jesus.

O livro *O Evangelho Segundo o Espiritismo* foi publicado em 1864 por Allan Kardec, trazendo como subtítulo "A explicação das máximas morais do Cristo em concordância com o espiritismo e suas aplicações às diversas circunstâncias da vida". Ele será o nosso roteiro de estudo para compreender os preceitos cristãos à luz da filosofia espírita, que, como já demonstramos, tem como objetivo acompanhar os homens na busca pelo Criador, na prática do amor ao próximo e no conhecimento de si mesmo.

Há muitas definições para a palavra *religião*, mas sua etimologia indica que o sentido do termo é "religar", isto é, ligar o homem a Deus (a criatura a seu Criador), independentemente da fé professada. Allan Kardec (2017, p. 211) afirma que "o espiritismo é uma doutrina filosófica que tem consequências religiosas"; assim, abraçá-la representa aceitar a existência Dele, crer no Seu poder supremo e na Sua justiça. Ser espírita é assumir o compromisso consciente de melhorar continuamente como ser humano e contribuir para a construção de um mundo melhor.

4.1 Introdução ao *Evangelho Segundo o Espiritismo*

A primeira obra de Allan Kardec, O Livro dos Espíritos, contém os fundamentos do espiritismo, ao passo que as demais são um desdobramento ou aprofundamento dela. A seguir examinaremos a terceira parte dessa obra, que trata das leis naturais que regem o Universo, das pregações de Jesus e de suas consequências para o comportamento humano.

4.1.1 A lei divina ou natural

Todos os seres humanos têm o sentimento inato de que existe uma força superior. Não importa o nível de adiantamento de uma sociedade ou o grau de desenvolvimento intelectual do indivíduo, isso está inscrito na consciência de cada um. É uma espécie de intuição que impulsiona até mesmo os ateus a buscarem explicações para perguntas como: "De onde vim?", "Para onde vou?", "Quem sou eu?", "Por que estou aqui?"

Kardec (2013d, p. 295-296) perguntou aos espíritos superiores:

> **614. Que se deve entender por lei natural?**
> "A lei natural é a Lei de Deus. É a única verdadeira para a felicidade do homem. Indica-lhe o que deve fazer ou deixar de fazer e ele só é infeliz quando dela se afasta."
>
> **615. É eterna a Lei de Deus?**
> "Eterna e imutável como o próprio Deus."
> [...]

617. As leis divinas, que é o que compreendem no seu âmbito? Concernem a alguma outra coisa, que não somente ao procedimento moral?
"Todas as da Natureza são leis divinas, pois que Deus é o autor de tudo. O sábio estuda as leis da matéria, o homem de bem estuda e pratica as da alma."

Esse diálogo é suficientemente esclarecedor e pode nos ajudar a reconhecer a existência de leis implícitas na consciência do ser humano que o orientam para a prática do bem e a busca da felicidade. Existem dois tipos de leis: as de Deus (naturais) e as dos homens. As **leis dos homens** sofrem mudanças de acordo com a época em que são promulgadas, ao passo que as de Deus (naturais) são imutáveis e regulam os fenômenos da natureza (leis físicas) e o comportamento da humanidade (leis morais).

As **leis naturais** têm características específicas, dependendo do nível ao qual se aplicam: as leis físicas determinam o funcionamento do mundo material, ao passo que as morais se referem ao comportamento humano e suas relações com Deus e com o próximo. As leis morais significam o procedimento adequado, a consideração e o respeito pelo bem de todos, levando em conta os limites de cada um.

A seguir demonstraremos a relação entre as leis naturais e as revelações divinas.

4.1.2 As revelações divinas

Já mencionamos que as leis naturais definem como o mundo deve funcionar, tanto no aspecto físico quanto no moral. Embora estejam gravadas na consciência dos homens, às vezes eles não as colocam em prática, sequer as percebem. É preciso um evento, um fato fora do comum para lhes chamar a atenção. É quando a sabedoria divina se manifesta por meio de uma **revelação**.

De acordo com o espiritismo, houve três revelações divinas:

- Primeira revelação: Moisés (o Decálogo) – registrada no Antigo Testamento (Bíblia Sagrada);
- Segunda revelação: Jesus Cristo – registrada pelos apóstolos no Novo Testamento (Bíblia Sagrada);
- Terceira revelação: o espiritismo – registrada no Pentateuco da Doutrina Espírita (*O Livro dos Espíritos*, *O Livro dos Médiuns*, *O Evangelho Segundo o Espiritismo*, *O Céu e Inferno* e *A Gênese*).

Quando nos referimos às revelações, isso significa que houve um profeta ou emissário enviado por Deus para recebê-las e transmiti-las ao povo. Sem dúvida, em cada vez que isso ocorreu houve uma intervenção divina para melhorar a vida dos homens. Quando Moisés recebeu as Pedras da Lei contendo os dez mandamentos gravados com fogo por escrita direta, iniciou-se um período de grande movimento e revolução nos costumes de seu povo. Juntamente com outros profetas desse tempo, ele anunciou a vinda do Messias, como relata a Bíblia Sagrada.

Depois de muito tempo veio Jesus, o Messias prometido, com doçura e bondade. Ele difundiu a boa nova (a segunda revelação), que em nada contrariou as leis apresentadas por Moisés; pelo contrário, as completou, visto que as adequou ao tempo que se iniciava. Ele disse, muitas vezes, que não tinha vindo destruir a lei, mas orientar os homens quanto ao seu cumprimento e alertar sobre a necessidade de modificação nos costumes.

Antes de ser crucificado, Jesus anunciou a vinda de um "consolador". No entanto, passaram-se quase dois mil anos até a chegada dele, que se autodenominou Espírito de Verdade[1] e revelou a

---

1   Essa revelação não teve um profeta, mas uma plêiade de espíritos coordenada pelo Espírito de Verdade.

Kardec a doutrina espírita (a terceira revelação), um novo código de conduta moral que em nada fere os anteriores.

O espiritismo possibilita maior compreensão das leis naturais que regem o Universo, tanto no que se refere às relações dos homens entre si quanto à sua relação com os elementos materiais (o meio em que vivem). Essa doutrina chegou em um tempo conturbado, trazendo esperanças e consolações, mas também exigindo de cada ser compromisso e responsabilidade na modificação da sociedade para a construção de um mundo melhor. Sua âncora é o Evangelho de Jesus.

Quando questionados sobre o que é o bem e o que é o mal, os espíritos responderam com muita simplicidade que "o bem é tudo o que é conforme a Lei de Deus; o mal, tudo o que lhe é contrário" (Kardec, 2013d, p. 300). Eles também orientaram que não basta deixar de fazer o mal; é preciso praticar o bem, tanto sendo caridoso quanto sendo útil ao próximo, sempre que se apresente a oportunidade.

Encontramos em *O Livro dos Espíritos* uma passagem muito interessante sobre as leis naturais à luz das três revelações:

> **648. Que pensais da divisão da lei natural em dez partes, compreendendo as leis de** *adoração, trabalho, reprodução, conservação, destruição, sociedade, progresso, igualdade, liberdade,* **e, por fim, a de** *justiça, amor e caridade***?**
>
> "Essa divisão da Lei de Deus em dez partes é a de Moisés e de natureza a abranger todas as circunstâncias da vida, o que é essencial. Podes, pois, adotá-la, sem que, por isso, tenha qualquer coisa de absoluta, como não o tem nenhum dos outros sistemas de classificação, que todos dependem do prisma pelo qual se considere o que quer que seja. A última lei é a mais importante, por ser a que faculta ao homem adiantar-se mais na vida espiritual, visto que resume todas as outras." (Kardec, 2013d, p. 304, grifo do original)

Kardec, sob a orientação dos espíritos superiores, reuniu as máximas de Jesus e as orientações dos seus mentores para, em 1864, compor um código de conduta universal. Como ele mesmo se expressou na introdução de O Evangelho segundo o Espiritismo, trata-se de um "terreno onde todos os cultos podem reunir-se" (Kardec, 2013d, p. 17), visto que a obra não exprime dogmas de nenhuma religião; ao contrário, orienta sobre as regras de conduta a serem seguidas por todo aquele que deseja se tornar um cidadão de bem, consciente de suas responsabilidades perante a vida, em todas as circunstâncias. O Evangelho é uma rota de luz a iluminar os caminhos:

> É certo que tratados já se hão escrito de moral evangélica; mas o arranjo em moderno estilo literário lhe tira a primitiva simplicidade que, ao mesmo tempo, lhe constitui o encanto e a autenticidade. Outro tanto cabe dizer-se das máximas destacadas e reduzidas à sua mais simples expressão proverbial. Desde logo, já não passam de aforismos, privados de uma parte do seu valor e interesse, pela ausência dos acessórios e das circunstâncias em que foram enunciadas. (Kardec, 2013c, p. 18)

Nada de novo foi escrito, apenas foram detalhados alguns assuntos por meio de esclarecimentos e instruções dos mentores espirituais da obra, "as vozes do Céu". Com a finalidade de se tornarem acessíveis ao grande público – tendo em vista que a linguagem bíblica, em certas situações, não é de fácil entendimento –, tais comunicações foram recebidas por diferentes médiuns em diversos países.

Kardec organizou os textos de O Evangelho Segundo o Espiritismo por assunto: ele os ordenou em uma sequência lógica – com o acompanhamento e aprovação dos guias espirituais – e os dividiu em 28 capítulos. De própria autoria há apenas a introdução, na qual ele explica o plano da obra. Até hoje, esse é o livro de cabeceira dos espíritas, que a ele recorrem nas situações da vida em que precisam de orientação ou de consolo.

Para que você conheça melhor essa obra, organizamos os assuntos nela tratados em cinco blocos: (1) esclarecimentos gerais e princípios que orientam a doutrina espírita; (2) as bem-aventuranças; (3) a lei do amor; (4) orientações para a formação do homem de bem; e (5) as qualidades e a eficácia da prece.

4.2 Esclarecimentos gerais e princípios que orientam a doutrina espírita

Analisaremos a seguir o primeiro conjunto de capítulos de *O Evangelho Segundo o Espiritismo*, de acordo com a organização de Allan Kardec.

I. Não vim destruir a lei

Esse capítulo apresenta as três revelações, orientando que "Ciência e Religião são duas alavancas da inteligência humana: uma revela as leis do mundo material e a outra as do mundo moral" (Kardec, 2013c, p. 45). Na sequência, são dadas instruções sobre a Nova Era, pois "são chegados os tempos em que se hão de desenvolver as ideias, para que se realizem os progressos que estão nos desígnios de Deus" (Kardec, 2013c, p. 46).

II. Meu Reino não é deste mundo

Esse capítulo trata da vida futura, que deve ser "o ponto de mira de todos os homens; só ele justifica as anomalias da vida terrena e se mostra de acordo com a Justiça de Deus" (Kardec, 2013a, p. 51). Nele é apresentado como argumento que "a ideia clara e precisa que se faça da vida futura proporciona inabalável fé no porvir, fé que acarreta enormes consequências sobre a moralização dos homens, porque muda completamente **o ponto de vista sob o** qual encaram eles a vida terrena" (Kardec, 2013c, p. 53, grifo do original). Nesse sentido, é ressaltada a realeza moral de Jesus (o espírito mais puro), que veio para a Terra cumprir sua nobre missão. Por fim, são fornecidas instruções dos espíritos sobre a ilusória realeza terrestre.

III. Há muitas moradas na casa do meu Pai

Esse capítulo apresenta os diferentes estados da alma na erraticidade e as variadas categorias de mundos habitados, afirmando que a "casa do Pai é o Universo. As diferentes moradas são os mundos que circulam no espaço infinito e oferecem, aos Espíritos que neles encarnam, moradas correspondentes ao adiantamento dos mesmos Espíritos" (Kardec, 2013c, p. 57). O capítulo também apresenta qual é a destinação da Terra e elenca instruções dos espíritos sobre mundos inferiores, mundos superiores, mundos de expiações e provas (atual estágio da Terra) e mundos regeneradores. Nesse sentido, é esclarecido que a condição de cada mundo não é imutável; todos vão progredir, porque o "progresso é Lei da Natureza. A essa lei todos os seres da Criação, animados e inanimados, foram submetidos pela vontade de Deus" (Kardec, 2013c, p. 65).

IV. Ninguém poderá ver o reino de Deus se não nascer de novo

Nesse capítulo, são analisadas as passagens dos evangelhos de Mateus, Marcos e João em que Jesus se refere à "ressurreição e reencarnação", explicando que "a reencarnação fortalece os laços de família, ao passo que a unicidade da existência os rompe" (Kardec, 2013d, p. 67). O capítulo ainda apresenta instruções dos espíritos sobre os limites e as necessidades da encarnação, enfatizando a pluralidade de existências, um dos princípios básicos da doutrina espírita.

Antes de continuarmos nossa análise do conteúdo de *O Evangelho Segundo o Espiritismo*, vamos refletir sobre um aspecto bastante interessante: as parábolas de Jesus.

As parábolas de Jesus

Para ensinar aos discípulos e ao povo as verdades eternas, Jesus – a Sublime Estrela – fez uso de uma forma alegórica de ensinamento: as **parábolas**. O intuito era facilitar o aprendizado a pessoas de pouca instrução. Ele revestiu seus ensinamentos com essas pequenas histórias de linguagem figurada, as quais apresentam preceitos morais por meio de imagens relacionadas ao cotidiano do povo. Dessa forma, Jesus procedeu como quem ensina às crianças, ainda incapazes de assimilar plenamente assuntos de maior complexidade.

As parábolas contêm ensinamentos profundos que trazem em seu bojo incentivo à prática da moral cristã, ao autoburilamento e à correção das más tendências. Essa explicação é apresentada com muita clareza no Evangelho de Mateus (13,10-15, citado por Kardec, 2013c, p. 292):

> Aproximando-se, disseram-lhe os discípulos: "Por que lhes falas por parábolas?".
>
> Respondendo-lhes, disse Ele: "É porque a vós outros foi dado a conhecer os mistérios do Reino dos Céus; mas, a eles, isso não lhes foi dado. Porque àquele que já tem, mais se lhe dará e ele ficará na abundância; àquele, entretanto, que não tem, mesmo o que tem se lhe tirará. Falo-lhes por parábolas, porque, vendo, não veem e, ouvindo, não escutam e não compreendem. E neles se cumprirá a profecia de Isaías, que diz: 'Ouvireis com vossos ouvidos, e não escutareis; olhareis com os vossos olhos, e não vereis. Porque, o coração deste povo se tornou pesado, e seus ouvidos se tornaram surdos e fecharam os olhos para que seus

olhos não vejam e seus ouvidos não ouçam, para que seu coração não compreenda e para que, tendo-se convertido, Eu não os cure'".

Não pretendemos esgotar esse assunto, apenas apontaremos como exemplo algumas das parábolas relacionadas ao livro *O Evangelho Segundo o Espiritismo*, a fim de extrair sua essência, ou seja, o ensinamento ético-moral ali contido.

A seguir, indicamos os ensinamentos contidos nas parábolas:

- **dos credores e dos devedores**: o perdão ao próximo como forma de sermos perdoados; a tolerância e o amor ao próximo;
- **dos talentos**: as diferenças individuais; a recompensa pelo bom uso dos talentos e dons naturais, tanto no desenvolvimento pessoal quanto no da sociedade;
- **da candeia sob o alqueire**: as verdades divinas devem ser reveladas ao homem gradativamente, de acordo com seu nível de desenvolvimento e capacidade de absorção, e ele deverá transmiti-las aos demais;
- **do bom samaritano**: fazer o bem sem olhar a quem, livrando-se do fanatismo religioso; em outras palavras, colocar em prática a máxima "Fora da caridade não há salvação", que é o lema do espiritismo;
- **da figueira que secou**: alerta para a falta de compreensão do homem com relação aos compromissos com seu Criador e para sua resistência em ouvir Suas mensagens; indica a necessidade de se despertar para o destino, que é a perfeição, o qual só se concretizará por meio do esforço do indivíduo;
- **do mau rico e Lázaro**: o uso das riquezas e bens materiais ou a resignação com as privações trará consequências – lei de causa e efeito.

Temos ainda muitas outras parábolas que, como bússolas, indicam o caminho da melhoria individual e do aprimoramento espiritual. Entre elas selecionamos:

- **do joio e do trigo**: Jesus semeia as boas sementes do Evangelho no campo da humanidade, e devemos separá-las das más sementes (as falsas interpretações), as quais precisam ser queimadas;
- **do grão de mostarda e do fermento**: a expansão e o crescimento do cristianismo por meio da assimilação do Evangelho e da prática do bem;
- **do tesouro escondido e da pérola**: o tesouro e a pérola são o Reino dos Céus em nosso interior, e descobri-lo é aceitar e praticar a moral cristã;
- **da rede**: aplicação da lei do amor – os peixes representam a diversidade existente entre os homens em locais condizentes com seu estágio evolutivo no fechamento do ciclo da Terra, que passará à categoria de mundo de regeneração;
- **dos trabalhadores da última hora**: a justiça em dar a cada um segundo seu mérito, de acordo com o esforço empregado para se conquistar o progresso espiritual;
- **dos dois filhos**: o compromisso real com a aceitação e a prática das virtudes que levarão à conquista da elevação espiritual – deve-se evitar considerar apenas a aparência das virtudes;
- **das dez virgens**: refere-se a dois tipos de pessoas: as que desejam seguir sua religião, mas não se esforçam – apesar de conhecerem o código de conduta moral, não se preocupam em colocá-lo em prática; e as que vivem o Evangelho na prática do bem, visando à construção de um mundo melhor para todos;
- **do amigo importuno**: a infinita bondade de Deus, o pai compassivo e solícito que aceita os filhos como são, O leva a aguardar quanto tempo for necessário para que Seus filhos compreendam e pratiquem suas leis, jamais deixando de atender aos seus apelos;
- **do avarento**: indica a insensatez daqueles que apenas se preocupam em acumular bens materiais que não os

acompanharão na verdadeira vida; e o valor e a necessidade de se refletir sobre o uso que se faz dos bens que se possui, priorizando as aquisições espirituais;
- **dos lavradores maus**: critica os religiosos que matam em nome de Deus e ainda perseguem os que lhes são contrários (por se crerem donos das verdades eternas); e indica o surgimento de novos lavradores, proclamando a religião da caridade e do amor ao próximo.

4.3 As bem-aventuranças

Como demonstrado anteriormente, Jesus falava ao povo por meio de metáforas, utilizando-se de situações cotidianas das pessoas dos locais por onde andava. Em uma de suas passagens mais belas, Ele glorifica o esforço dos simples, humildes e sofridos, atormentados pelas injustiças de seu tempo. Trata-se do Sermão da Montanha.

Quando lemos o Sermão da Montanha, é impossível deixar de comparar as bem-aventuranças citadas por Jesus com as vicissitudes da vida terrena. Vamos tentar resumi-las a seguir, de acordo com *O Evangelho Segundo o Espiritismo*:

V. Bem-aventurados os aflitos

Esse capítulo trata da justiça das aflições apresentando trechos dos Evangelhos, como: "'Bem-aventurados os que choram, pois que serão consolados. Bem-aventurados os famintos e os sequiosos de justiça, pois que serão saciados. Bem-aventurados os que sofrem perseguição pela justiça, pois que é deles o Reino dos Céus' (Mateus 5:4,6 e 10)" (Kardec, 2013c, p. 79). As palavras do Evangelho consolam, mas quando interpretadas pelos espíritos, além do consolo trazido pelo Mestre Jesus, elas fornecem explicações coerentes sobre as causas das aflições. Elas podem estar na vida presente, por decisões equivocadas, ou podem ser heranças de nossos erros de encarnações passadas, cuja "lembrança traria gravíssimos inconvenientes" (Kardec, 2013c, p. 85). Por isso, a bondade divina deseja que esqueçamos as falhas passadas, embora estejamos sofrendo aflições derivadas delas. Daí os motivos para calma e resignação, "tão úteis à saúde do corpo quanto à da alma, ao passo que, com a inveja, o ciúme, a ambição, voluntariamente se condena à tortura e aumenta as misérias e as angústias da sua curta existência" (Kardec, 2013c, p. 88). A postura de aceitação e resignação protege os encarnados de situações como a loucura e o suicídio.

As instruções dos espíritos abordadas nesse capítulo apresentam temas como: o paralelo entre bem e mal; o mal e o remédio; a felicidade não é deste mundo; a morte e a falta ou saudade dos seres amados; as provas e os tormentos voluntários; e a melancolia (depressão).

VI. O Cristo Consolador

Para todas as aflições há consolo, e Jesus oferece a esperança de alívio aos sofredores que aceitarem e compreenderem sua proposta. "Essa condição está na lei por Ele ensinada. Seu jugo é a observância dessa lei; mas esse jugo é leve e a lei é suave, pois que apenas impõe, como dever, o amor e a caridade" (Kardec, 2013c, p. 105).

Esse capítulo trata detalhadamente do consolador prometido: "**o Espírito de Verdade**, que o mundo ainda não conhece, por não estar maduro para o compreender, consolador que o Pai enviará para ensinar todas as coisas e para relembrar o que o Cristo há dito." (Kardec, 2013c, p. 106, grifo do original). As instruções dos espíritos tratam do advento do Espírito de Verdade, que trouxe luz onde havia trevas.

VII. Bem-aventurados os pobres de espírito

O que devemos entender por *pobres de espírito*? Esse capítulo traz uma das frases de Jesus que se apresenta como de difícil compreensão: "Bem-aventurados os pobres de espírito" (Kardec, 2013c, p. 111)

Muitas vezes, ela é ironizada por aqueles que ainda insistem em negar as verdades divinas. Explicam-nos os espíritos superiores que "Por pobres de espírito Jesus não entende os baldos de inteligência, mas os humildes, tanto que diz ser para estes o Reino dos Céus, e não para os orgulhosos" (Kardec, 2013c, p. 111), pois "aquele que se eleva será rebaixado". Assim, Ele condena o orgulho e a soberba e valoriza a humildade e a simplicidade. Em síntese, o capítulo apresenta como missão do homem inteligente na Terra o trabalho em prol do bem comum.

VIII. Bem-aventurados os que têm puro o coração

Esse capítulo, continuação do anterior, trata da simplicidade e da pureza de coração, usando a figura da criança como imagem de inocência e ingenuidade. É uma comparação que sugere deixar de lado as más tendências, como o adultério.

O capítulo também trata da verdadeira pureza, a de coração, que não precisa de atos exteriores, pois "Nula é a crença na eficácia dos sinais exteriores, se não obsta a que se cometam assassínios, adultérios, espoliações, que se levantem calúnias, que se causem danos ao próximo, seja no que for" (Kardec, 2013c, p. 128). Nele, é analisada ainda a frase "Se vossa mão é causa de escândalo, cortai-a" (Mateus 5,30, citado por Kardec, 2013c, p. 130), que usa essa linguagem figurada para condenar os vícios e indicar a importância do esforço para se corrigir as más tendências. Em suas instruções, os espíritos explicam e reforçam as palavras de Jesus: "Deixai que venham a mim as criancinhas" (Kardec, 2013c, p. 130) e "Bem-aventurados os que têm fechados os olhos" (Kardec, 2013c, p. 132).

IX. Bem-aventurados os que são brandos e pacíficos

Esse capítulo aborda as muitas virtudes que caracterizam as pessoas afáveis, bondosas e pacientes, condenando todo e qualquer tipo de violência e desrespeito pelos semelhantes, como a injúria e a cólera. Traz também instruções dos espíritos sobre a afabilidade e a doçura, a paciência, a obediência e a resignação, afirmando que "cada época é marcada, assim, com o cunho da virtude ou do vício que a tem de salvar ou perder. A virtude da vossa geração é a atividade intelectual; seu vício é a indiferença moral" (Kardec, 2013c, p. 138).

X. Bem-aventurados os que são misericordiosos

Com base no Evangelho de Mateus, o capítulo trata do perdão, da sincera reconciliação com os adversários e do sacrifício mais agradável a Deus, que é o perdão das ofensas. Usando a linguagem figurada, Jesus apresenta o questionamento: "Como é que vedes um argueiro no olho do vosso irmão, quando não vedes uma trave no vosso olho? [...](Mateus, 7:3 a 5)" (Kardec, 2013c, p. 144). O sentido desse texto é fortalecer a ideia de aceitação do outro como ele é, sem julgamento – ser indulgente para com as falhas alheias e rigoroso consigo mesmo. Os espíritos trazem instruções sobre o perdão das ofensas e a indulgência, afirmando que ninguém tem o direito de chamar a atenção sobre as falhas alheias ou de divulgá-las; contudo, de acordo com "as circunstâncias, desmascarar a hipocrisia e a mentira pode constituir um dever, pois mais vale [que] caia um homem, do que virem muitos a ser suas vítimas. Em tal caso, deve-se pesar a soma das vantagens e dos inconvenientes" (Kardec, 2013c, p. 152).

4.4 A lei do amor

O Evangelho segundo o Espiritismo apresenta muitos capítulos sobre os dois mandamentos dados por Jesus: amar a Deus sobre todas as coisas; e amar o próximo como a si mesmo – isto é, fazer aos outros o que queremos que os outros nos façam. Esse conjunto de capítulos começa com a parábola dos credores e devedores:

> Os fariseus, tendo sabido que Ele tapara a boca dos saduceus, reuniram-se; e um deles, que era doutor da lei, para o tentar, propôs-lhe esta questão: "Mestre, qual o mandamento maior da lei?" Jesus respondeu: "Amarás o Senhor teu Deus de todo o teu coração, de toda a tua alma e de todo o teu espírito; este o maior e o primeiro mandamento. E aqui tendes o segundo, semelhante a esse: **Amarás o teu próximo, como a ti mesmo**. Toda a lei e os profetas se acham contidos nesses dois mandamentos." (Mateus 22:34 a 40). (Kardec, 2013c, p. 153, grifo do original)

A partir desse ponto, de maneira muito enfática, os espíritos insistirão **no exercício da caridade**, transformado-o em uma postura diária, no único caminho para o aperfeiçoamento espiritual.

XI. Amar o próximo como a si mesmo

O amor ao próximo é a chave para a conduta espírita, que segue os passos do Mestre Jesus, pois "o amor resume a doutrina de Jesus inteira" (Kardec, 2013c, p. 156). Nesse capítulo, essa questão é ilustrada com algumas passagens, como a tentativa dos fariseus para constranger Jesus com relação ao pagamento do tributo exigido pelos romanos. "Esta sentença: 'Dai a César o que é de César', não deve, entretanto, ser entendida de modo restritivo e absoluto. Como em todos os ensinos de Jesus, há nela um princípio geral, resumido sob forma prática e usual e deduzido de uma circunstância particular" (Kardec, 2013c, p. 155).

Logo em seguida, são dadas explicações detalhadas e instruções dos espíritos sobre o egoísmo, a fé e a caridade, mesmo em relação aos criminosos e malfeitores.

XII. Amai os vossos inimigos

Toda a trajetória de Jesus foi marcada pelo amor, sentimento que o caracteriza em todas as situações, até no momento de Sua morte infame. Isso quer dizer que devemos perdoar, e não guardar rancor, nos vingar ou desejar o mal para aqueles que nos ofendem ou caluniam. Kardec (2013c, p. 166) registra que quando Ele se refere "a amar os inimigos, não é, portanto, ter-lhes uma afeição que não está na natureza [humana], visto que o contato de um inimigo nos faz bater o coração de modo muito diverso do seu bater ao contato de um amigo". Nosso esforço deve ser no sentido de perdoar e não guardar mágoa. Se conseguirmos aplicar esse mandamento de Jesus, daremos um passo importante em nossa jornada evolutiva.

O conhecimento espírita nos convence de que é inútil o desejo do mal, e inúmeras comunicações de espíritos imperfeitos demonstram que aqueles que desencarnam carregando sentimentos de ódio e vingança sofrem muito e, muitas vezes, tentam prejudicar seus desafetos encarnados.

XIII. Não saiba a vossa mão esquerda o que dê a vossa mão direita

Esse capítulo trata da prática das boas obras, a "caridade material", e como ela deve ser feita discretamente, sem ostentação e sem constrangimento para aqueles que recebem o benefício; trata-se da "caridade moral". A recomendação evangélica é para evitar as ações que visem benefícios ou recompensas para o benfeitor, pois se essa for a intenção, não haverá mérito algum.

XIV. Honrai vosso pai e vossa mãe

Esse é um dever de todas as criaturas, mesmo quando os pais têm atitudes equivocadas. Aos pais devemos dedicar respeito, atenção, cuidados e benevolência; a eles se aplicam todas as recomendações feitas em relação à caridade, acrescidas da gratidão e da piedade filial pela possibilidade que nos deram de retornar à vida material e pelos cuidados básicos que nos dispensaram em nossos primeiros anos de vida na Terra. Muitas vezes, são espíritos amigos que nos recebem com carinho, desvelo e proteção, acompanhando nossa vida como verdadeiros anjos da guarda; outras vezes, são espíritos com os quais temos pendências de encarnações anteriores e que, nesta vida, nos darão a oportunidade de resgatar compromissos. Sempre, porém, aos pais compete colaborar para o progresso moral e espiritual dos seus rebentos e a estes ampará-los nas suas necessidades.

Os espíritos superiores nos ensinaram que:

> Há, pois, duas espécies de famílias: **as famílias pelos laços espirituais e as famílias pelos laços corporais**. Duráveis, as primeiras se fortalecem pela purificação e se perpetuam no mundo dos Espíritos, através das várias migrações da alma; as segundas, frágeis como a matéria, se extinguem com o tempo e muitas vezes se dissolvem moralmente, já na existência atual. (Kardec, 2013c, p. 201, grifo do original)

XV. FORA DA CARIDADE NÃO HÁ SALVAÇÃO

A doutrina espírita é um hino de louvor à caridade e à benevolência, é um retorno à "pureza primitiva da doutrina cristã" (Kardec, 2013c, p. 212). Suas orientações são insistentes para que seus adeptos pratiquem a verdadeira caridade, cumprindo o preceito da moral evangélica de amar o próximo como a si mesmo. Sem dúvida, é impossível entender o espiritismo sem a prática da verdadeira caridade, traduzida em forma de pensamentos, palavras e ações despidas de segundas intenções. Nem sempre é a doação material que importa, pois *caridade* é diferente de *esmola*; muitas vezes, a palavra amiga, o conselho e o apoio fraterno nas horas de amargura ou as orações pelos que sofrem são a doação mais eficaz para tornar felizes aqueles que padecem de "misérias ocultas".

Em algumas situações, caridade é nos suportarmos mutuamente, sem revidar ofensas, ou até nos calarmos diante de algumas situações. O Evangelho apresenta a parábola do bom samaritano como exemplo da caridade real. Nela, o samaritano foi misericordioso com o desconhecido: independentemente de sua condição e sem fazer perguntas, cuidou dele.

XVI. Não se pode servir a Deus e a Mamon

Encontramos no Evangelho de Mateus a parábola dos talentos, um relato sobre o emprego dos talentos recebidos do seu senhor por três servidores: dois deles dobraram os talentos sob sua guarda, ao passo que o terceiro enterrou o dele. Os dois primeiros foram elogiados e recompensados pelo senhor, mas o terceiro, além da repreensão, foi punido com a perda do único talento que tinha. Podemos perceber que essa alegoria propicia algumas ponderações, como: o Senhor Deus é o proprietário de todos os bens e deles temos apenas o usufruto; contudo, pelo nosso trabalho e esforço, podemos multiplicá-los. Isso é louvável quando fazemos uso dos bens terrenos para o progresso geral e a melhoria na qualidade de vida pessoal e dos demais. No entanto, dependendo de como os administramos, seremos recompensados ou os perderemos. Portanto, não é condenável possuir bens; é o uso que fazemos deles que determina se seremos recompensados ou não, no sentido do aproveitamento para o progresso espiritual. Os espíritos afirmam que a riqueza é prova mais dura do que a pobreza, pelas facilidades que ela atrai, como as tentações mundanas, além de estimular o egoísmo, o orgulho e o apego. Porém, também pode ser instrumento no exercício da caridade e de boas obras.

4.5 Orientações para a formação do homem de bem

Nesta seção, apresentaremos o quarto bloco de capítulos de *O Evangelho Segundo o Espiritismo*, nos quais os espíritos apresentam orientações para a formação do **homem de bem**, indicando as qualidades que formam o seu caráter e levam à perfeição moral. Contudo, não basta identificar essas qualidades: é preciso agir. Aquele que se esforça para vencer o egoísmo, o orgulho e quaisquer outros vícios e defeitos, corrigindo instintos e seguindo o roteiro da lei de amor, consegue se aprimorar moralmente. Para isso, precisamos vigiar nossas ações, subjugar nossa natureza animal e, com disciplina e perseverança, realizar a viagem interior que nos levará ao sucesso na busca da perfeição, corrigindo as imperfeições por meio do fiel "cumprimento da lei de justiça, de amor e de caridade" (Kardec, 2013c, p. 232).

Podemos afirmar, com segurança, que a conduta do verdadeiro espírita é um esforço permanente para vencer a si mesmo, tomando como base as lições do Evangelho e tendo Jesus como modelo e guia. Kardec (2013c, p. 235, grifo do original) nos ensina: "**Reconhece-se o verdadeiro espírita pela sua transformação moral e pelos esforços que emprega para domar suas inclinações más**". Conforme a parábola do semeador, as sementes dos ensinos desse guia caem em solo fértil, pronto para transformá-las em boa colheita de virtudes, como o cumprimento dos deveres morais e o cuidado tanto do corpo quanto do espírito.

XVII. Sede perfeitos

Em que consiste a perfeição? De acordo com Jesus, "Em amarmos os nossos inimigos, em fazermos o bem aos que nos odeiam, em orarmos pelos que nos perseguem" (Kardec, 2013c, p. 231), pois de nada adianta o avançado desenvolvimento intelectual se ele não for acompanhado do desenvolvimento moral. A perfeição é o resultado do equilíbrio de ambos, que são como as duas asas de um anjo. Santo Agostinho, em comunicação mediúnica, recomenda que cada um de nós desenvolva o hábito de, diariamente, fazer um exame de consciência para avaliar nossas ações, a fim de corrigirmos as falhas que estejam dificultando a melhoria moral.

XVIII. Muitos os chamados, poucos os escolhidos

Usando a parábola do festim das bodas, Jesus apresenta as fases da trajetória da humanidade em contraposição às revelações divinas, ressaltando a questão do menosprezo e da má interpretação. Essa crítica corrobora a visão do espiritismo, que prega a bondade e a pureza de intenções nas relações com o próximo e com Deus. Como já esclarecemos, ser espírita significa abraçar com disposição e bom ânimo os compromissos que essa escolha impõe. Não basta ter conhecimento da doutrina, é preciso aceitá-la com o coração e agir segundo o conselho de Jesus, como está registrado no Evangelho de Mateus: "Entrai pela porta estreita, porque larga é a porta da perdição e espaçoso o caminho que a ela conduz, e muitos são os que por ela entram. Quão pequena é a porta da vida! Quão apertado o caminho que a ela conduz! E quão poucos a encontram! (Mateus, 7:13 e 14)." (Kardec, 2013c, p. 246)

Analisando esse preceito à luz do espiritismo, podemos afirmar que ele cabe perfeitamente à missão dos médiuns: muitos são os "chamados"; entretanto, pelos interesses e atitudes que os movem, poucos são os "escolhidos".

XIX. A FÉ TRANSPORTA MONTANHAS

Nesse capítulo, os espíritos superiores reforçam o poder da fé. Apresentam, em linguagem figurada, o alerta de Jesus aos discípulos sobre a necessidade de acreditarem na própria capacidade para auxiliar o próximo, usando a figura da montanha para representar as dificuldades diárias, como "os preconceitos da rotina, o interesse material, o egoísmo, a cegueira do fanatismo e as paixões orgulhosas" (Kardec, 2013c, p. 253). A verdadeira fé é a confiança em Deus e em si mesmo para vencer todos os obstáculos, não como privilégio, mas pela certeza da própria capacidade e devido ao esforço pessoal – que sempre pode contar com o amparo divino.

XX. OS TRABALHADORES DA ÚLTIMA HORA

Todos nós podemos usufruir do cabedal de conhecimentos produzidos pela humanidade até o momento, colocando esse saber em prática nos diversos aspectos da vida. Temos livre-arbítrio para tomar a decisão de aceitar ou não as orientações recebidas sobre a responsabilidade individual na construção de um mundo mais digno, justo e solidário. As consequências dessa escolha competem unicamente a cada um e serão seu pagamento.

Para melhor compreender a linguagem figurada do Evangelho, transcrevemos um pequeno trecho ditado pelo Espírito de Verdade, em Paris, no ano de 1862: "Aproxima-se o tempo em que se cumprirão as coisas anunciadas para a transformação da Humanidade. Ditosos serão os que houverem trabalhado no campo do Senhor, com desinteresse e sem outro móvel, senão a caridade! Seus dias de trabalho serão pagos pelo cêntuplo do que tiverem esperado" (Kardec, 2013c, p. 266).

A missão dos espíritas, que têm como meta de cada reencarnação o burilamento pessoal, é cumprir o compromisso com a permanente melhoria de seus hábitos e atitudes, fazendo o bem sem olhar a quem. Não importam as condições de vida, a tarefa é igual para todos: ser a cada dia melhor do que foi no dia anterior, praticando o amor ao próximo e seguindo os passos de Jesus de Nazaré, exemplo e guia.

XXI. Haverá falsos cristos e falsos profetas

O Evangelho se refere aos falsos profetas que aparecem em todas as religiões, alertando que não devemos acreditar em tudo o que dizem, mesmo quando usam o nome de Deus e sua aparência seja de seriedade e decência. Até mesmo as comunicações mediúnicas podem vir de espíritos enganadores, maliciosos ou brincalhões, interessados em enganar a boa-fé dos incautos. Como registrado em Mateus (16,17, citado por Kardec, 2013c, p. 270-271): "[Disse Jesus] Pelo fruto é que se reconhece a qualidade da árvore; uma árvore boa não pode produzir maus frutos, e uma árvore má não os pode produzir bons".

XXII. Não separeis o que Deus juntou

Jesus foi solicitado pelos fariseus, que queriam vê-lo enredado perante as leis vigentes ao falar sobre a indissolubilidade do matrimônio. Ele fez uma bela explanação sobre a lei do amor, que deve reger as uniões – único critério justo para a manutenção dos casamentos. Assim, sem ofender aos princípios em vigor, condenou as uniões feitas por interesse e, ao mesmo tempo, o adultério.

A doutrina espírita orienta os fiéis de acordo com esse posicionamento: os casais devem permanecer unidos enquanto predominar o amor entre os cônjuges. Melhor separar-se do que viver em permanente conflito, aumentando o ressentimento, as mágoas e a raiva, que resultarão em compromissos futuros, conforme a lei de causa e efeito.

XXIII. Estranha moral

Esse capítulo aborda uma passagem evangélica que contém trechos não compatíveis com a doçura da linguagem de Jesus e que, muitas vezes, é motivo de estranheza: abandonar pai, mãe e filhos; odiar os pais; e deixar aos mortos o cuidado de enterrar seus mortos (Kardec, 2013c). Os espíritos esclarecem que não foi o Mestre quem escreveu os Evangelhos, e sim seus discípulos; além disso, podem ter ocorrido falhas nas diversas traduções, que podem ter alterado o sentido dos termos originais utilizados. De qualquer maneira, jamais Jesus iria contrariar o mandamento de honrar pai e mãe ou menosprezar os laços criados pelo verdadeiro afeto. Registram eles:

> Sem discutir as palavras, deve-se aqui procurar o pensamento, que era, evidentemente, este: "Os interesses da vida futura prevalecem sobre todos os interesses e todas as considerações humanas", porque esse pensamento está de acordo com a substância da doutrina de Jesus, ao passo que a ideia de uma renunciação à família seria a negação dessa doutrina.

Não temos, aliás, sob as vistas a aplicação dessas máximas no sacrifício dos interesses e das afeições de família aos da Pátria? Censura-se, porventura, aquele que deixa seu pai, sua mãe, seus irmãos, sua mulher, seus filhos, para marchar em defesa do seu país? (Kardec, 2013c, p. 283)

É inconcebível atribuir ao Mestre nazareno qualquer ideia de separação, desrespeito ou desamor. Sua vida foi um hino de amor ao próximo, ainda que esse próximo fosse um inimigo. Vale aplicar o mesmo raciocínio à expressão *deixar aos mortos o cuidado de enterrar os seus mortos*. Aqui, apenas se ressalta que a vida espiritual é mais importante do que a terrena.

XXIV. Não ponhais a candeia debaixo do alqueire

Esse capítulo também analisa uma figura de linguagem: a candeia é o conhecimento sobre as leis divinas, que deve ser difundido para eliminar as trevas da ignorância, mas "Todo ensinamento deve ser proporcionado à inteligência daquele a quem se queira instruir, porquanto há pessoas a quem uma luz por demais viva deslumbraria, sem as esclarecer" (Kardec, 2013c, p. 292). Por esse motivo, algumas verdades foram esclarecidas com o passar do tempo e outras ainda estão por vir, como comprovam tanto a ciência como a doutrina espírita.

XXV. Buscai e achareis

Nesse capítulo estão expressas as recomendações sobre as leis do trabalho e do progresso. De acordo com elas, cabe ao homem conquistar seu desenvolvimento intelectual e moral, ao mesmo tempo que ele deve contribuir para o progresso da comunidade em que vive. Sua dedicação e esforço, quando bem empregados, são recompensados com novas descobertas, invenções e ações sociais, que significam avanço e melhoria na qualidade de vida para toda a humanidade.

XXVI. Dai gratuitamente o que gratuitamente recebestes

Esse capítulo trata do "dom da cura" que os discípulos receberam, o qual deveriam exercer gratuitamente "para alívio dos que sofrem e como meio de propagação da fé; Jesus, pois, recomendava-lhes que não fizessem dele objeto de comércio, nem de especulação, nem meio de vida" (Kardec, 2013c, p. 305), conforme orientam os espíritos superiores.

Com relação ao dom dado aos médiuns, os espíritos orientam o seguinte:

> A mediunidade é coisa santa, que deve ser praticada santamente, religiosamente. Se há um gênero de mediunidade que requeira essa condição de modo ainda mais absoluta é a mediunidade curadora. O médico dá o fruto de seus estudos, feitos, muita vez, à custa de sacrifícios penosos. O magnetizador dá seu próprio fluido, por vezes até a sua saúde. Podem pôr-lhes preço. O médium curador transmite o fluido salutar dos bons Espíritos; não tem o direito de vendê-lo. Jesus e os apóstolos, ainda que pobres, nada cobravam pelas curas que operavam. (Kardec, 2013c, p. 309)

Os médiuns, intérpretes dos espíritos desencarnados, jamais devem cobrar por facilitar o intercâmbio entre os dois planos; por aliviar as dores da saudade entre os entes queridos; ou, quando detentores da mediunidade curadora, por auxiliar no processo de recuperação da saúde. O espiritismo rejeita com veemência qualquer tipo de retribuição.

4.6 As qualidades e a eficácia da prece

Cada um de nós tem suas crenças, adquiridas por tradição familiar ou por livre escolha. Alguns se dizem ateus, mas isso também é uma crença que devemos respeitar. Outros têm convicção sobre a existência de um Ser Superior, independentemente do nome com o qual o designem. Como aqui estamos tratando da doutrina espírita, cujo primeiro princípio é a existência de "Deus, a inteligência suprema, causa primária de todas as coisas" (Kardec, 2013d, p. 55), não paira nenhuma dúvida com relação a essa existência e todas as orientações sobre isso encontram-se tanto nas obras básicas quanto nas complementares. Em todas elas há uma recomendação muito clara sobre a necessidade de não se aceitar dogmas e proposições que fujam da **fé raciocinada**. Em *O Evangelho segundo o Espiritismo* encontramos o seguinte:

> A fé raciocinada, por se apoiar nos fatos e na lógica, nenhuma obscuridade deixa. A criatura então crê, porque tem certeza, e ninguém tem certeza senão porque compreendeu. Eis por que não se dobra. **Fé inabalável só o é a que pode encarar de frente a razão, em todas as épocas da Humanidade.**
>
> A esse resultado conduz o espiritismo, pelo que triunfa da incredulidade, sempre que não encontra oposição sistemática e interessada. (Kardec, 2013c, p. 256, grifo do original)

Por *oposição sistemática e interessada* devemos entender os posicionamentos contrários, que tentam questionar os postulados do espiritismo, embora o façam sem argumentos consistentes. Pois bem, se aceitamos os princípios consagrados pela fé espírita e cremos em Deus como nosso Pai Celestial (que a todos ampara) e em Jesus Cristo como nosso Irmão Maior (que por nós intercede junto ao Pai), nada mais coerente do que sentirmos necessidade de nos comunicar com Eles. Essa ligação com o Alto se dá por meio da **prece**.

Kardec (2013c, p. 314) esclarece que a prece "é uma invocação, mediante a qual o homem entra, pelo pensamento, em comunicação com o ser a quem se dirige". Nesse momento, expandimos o pensamento e estabelecemos uma **corrente fluídica**. Como tudo no Universo está mergulhado no fluido cósmico universal, essa corrente fluídica percorre o espaço, da mesma maneira que o som se propaga pelo ar, levando o pensamento daquele que ora; isto é, ela transmite a energia do pensamento e da vontade – daí a importância da oração em conjunto.

Podemos fazer preces endereçadas aos espíritos superiores, ao nosso anjo da guarda ou aos santos, como é comum em algumas religiões. A prece chega aos espíritos, estejam onde estiverem, e são eles – que se comunicam entre si – que nos transmitem suas inspirações (as relações se estabelecem a distância entre os encarnados e os desencarnados). Mesmo quando encaminhadas aos espíritos superiores, estes submetem ao Pai nossos pedidos, e só nos atendem à medida que nossas solicitações não firam as leis naturais nem nos afastem da programação traçada para nossa existência terrena.

Jesus ensinou seus discípulos a orarem, transmitindo-lhes a oração dominical. Até hoje, o "Pai Nosso" é a oração perfeita em sua singeleza: um hino de louvor a Deus e a síntese de todas as nossas necessidades.

XXVII. Pedi e obtereis

Para os espíritas, não existem fórmulas decoradas para a comunicação com o Pai; a prece deve ser uma conversa coloquial e reservada, uma expressão do sentimento que transborda do coração daquele que ora. As preces podem ser ato de adoração, louvor, solicitação e agradecimento. Como orienta o Evangelho de Marcos (11,25-26, citado por Kardec, 2013c, p. 311), "Quando vos aprestardes para orar, se tiverdes qualquer coisa contra alguém, perdoai-lhe, a fim de que vosso Pai, que está nos céus, também vos perdoe os pecados. Se não perdoardes, vosso Pai, que está nos céus, também não vos perdoará os pecados".

Esse capítulo demonstra que há uma grande diferença entre orar muito e orar bem. Orar bem significa abrir o coração e dirigir o pensamento ao Pai, em atitude de aceitação da vontade do Altíssimo. O que importa não é a quantidade de palavras ou frases de efeito, e sim a pureza das intenções e a humildade com que apresentamos nosso louvor, nossa gratidão e nossas necessidades ou pedidos. Quando se refere à pureza de intenções, o Evangelho reforça que de nada adiantam a humildade, o sentimento de aceitação e submissão à vontade divina, se o coração não estiver limpo de más intenções e houver desamor em relação ao próximo. Devemos perdoar para sermos perdoados, atendendo ao princípio da caridade.

> **IMPORTANTE!**
> De acordo com o Evangelho de Mateus (7,7, citado por Kardec, 2013c, p.316), o Pai nos faz a seguinte a promessa: "Pedi e obtereis". Porém, para alcançar as graças que almejamos, devemos fazer a nossa parte (lei do trabalho), visto que é por meio do esforço pessoal que conseguiremos atingir nossas metas (lei do progresso).

O amor ao próximo é condição para que nossos pedidos sejam atendidos. Podemos demonstrar esse amor orando por aqueles que amamos, mas também pelos que nos ofendem, agridem ou magoam, cultivando o perdão das ofensas como uma prática diária.

A prece por outrem é muito eficaz. Quando transmitimos nosso pensamento em favor daqueles que estão doentes, sofrem ou passam por dificuldades, estamos estabelecendo a corrente fluídica que nos liga aos espíritos benfazejos e, juntando nossa energia com a deles, atingimos o ser que padece. É a concretização do maior mandamento: amar ao próximo como a si mesmo.

Jamais, porém, devemos concordar com preces pagas, pois a prece não é uma mercadoria. Deve brotar do coração e, independentemente do seu direcionamento (para nós mesmos ou para outrem), seu valor está no sentimento que a direciona.

XXVIII. Coletânea de preces espíritas

Nesse último capítulo de *O Evangelho Segundo o Espiritismo* estão transcritas muitas orações. A intenção, no entanto, não é que os espíritas as decorem para usá-las ao longo de suas vidas. Conforme esclarece Kardec (2013c, p. 325):

> A coletânea de preces, que este capítulo encerra, representa uma escolha feita entre muitas que os Espíritos ditaram em várias circunstâncias.
>
> [...]
>
> Não há, pois, considerar essa coletânea como um formulário absoluto e único, mas apenas uma variedade no conjunto das instruções que os Espíritos ministram. É uma aplicação dos princípios da moral evangélica desenvolvidos neste livro, um complemento aos ditados deles, relativos aos deveres para com Deus e o próximo, complemento em que são lembrados todos os princípios da Doutrina.

Conforme podemos perceber, são apenas exemplos orientadores do pensamento, os quais procuram demonstrar como a simplicidade, a clareza e a concisão podem ser utilizadas, sem a necessidade de repetição em certo número de vezes. Em outras palavras, a prece não é constituída de fórmulas estanques; cada um deve adaptá-la considerando seu motivo e de acordo com seu vocabulário usual. Ela deve ser uma conversa informal com Deus, feita com sinceridade e sem preocupação com frases de efeito ou decoradas, que não façam sentido a quem ora.

Os milagres do Evangelho

A doutrina espírita interpreta os ditos *milagres do Evangelho* à luz das leis naturais – que são imutáveis. Isso quer dizer que Jesus, o espírito mais puro que habitou a Terra, jamais iria contrariar as leis estabelecidas pelo Seu Pai, o Criador de todas as coisas, pois Ele mesmo disse "não vim destruir a Lei, porém cumpri-la" (Mateus, 5.17, citado por Kardec, 2013c, p. 44).

A explicação mais coerente é que, dada Sua elevação espiritual, Ele era capaz de manipular o fluido cósmico universal de acordo com Sua vontade e, assim, de produzir fatos que impressionavam multidões. Em todos os casos em que houve essa necessidade, como nas bodas de Caná, na transformação da água em vinho e na multiplicação dos pães e dos peixes, Jesus não precisou usar a magnetização com as mãos; bastou Sua **irradiação mental** para haver a manipulação fluídica.

Quanto às Suas incontáveis **curas**, podemos afirmar, respaldados nos ensinamentos dos espíritos sobre os fluidos (Kardec, 2013a), que o "Médico das almas" agia sobre os corpos perispirituais dos doentes que demonstravam fé e vontade de curar-se fazendo uso do seu incomparável **magnetismo pessoal**. Ele mesmo perguntava "tens fé?" e, após aplicar-lhes a imposição das mãos, o toque ou a irradiação mental, dizia "tua fé te curou".

Jesus, o missionário incumbido de trazer aos homens a boa nova que provocou grandes transformações no mundo – embora muitos ainda se encontrem cegos para as verdades espirituais –, tinha o poder de olhar para as pessoas e ver o que se passava em seu interior. Era o mais alto grau da capacidade de *dupla visão* (também chamada *vista espiritual* ou *dupla vista*), que pode ser ilustrada pelas seguintes situações: a indicação do local onde estavam a jumenta e o jumentinho para a entrada em Jerusalém; a indicação do ponto exato em que havia grande cardume (pesca milagrosa); o beijo de Judas, sua traição e os soldados que O prenderam.

A seguir, elencamos alguns exemplos de curas encaradas como milagre.

- **Da febre que fazia sofrer a sogra de Simão:** Jesus foi até a sogra de Simão, que se encontrava com febre. Assim que Ele tomou sua mão e a levantou, a enfermidade a abandonou. Quando a notícia da cura se espalhou, afluíram, desesperados, os enfermos, para que Jesus lhes retificasse as conjunturas orgânicas.
- **Do cego de nascença:** Jesus cuspiu na terra, transformando-a em lodo, e untou o olhos do cego com ele. A cura ocorreu em um dia de sábado, o que provocou muitas acusações dos sacerdotes, tendo em vista que se tratava de um dia sagrado para eles.
- **Do cego e mudo:** Era um indivíduo que sofria terrível perturbação espiritual, até que perdeu a visão e a voz e passou ser considerado "endemoniado". Após ser "exorcizado" por Jesus, o mudo conseguiu falar.
- **Da mulher que sofria hemorragia há 12 anos:** Quando ela tocou Suas vestes, Jesus perguntou: "Quem me tocou as vestes?"; ao identificá-la, Ele disse: "Minha filha, tua fé te salvou; vai em paz e fica curada da tua enfermidade" (Marcos 5,34, citado por Kardec, 2013a, p. 279).

Conforme é possível perceber, para ser curado é preciso a **força atrativa da cura**, a sintonia com o poder curador, como explicitado por Kardec (2013a, p. 279-280):

> É bem simples a razão. Considerado como matéria terapêutica, o fluido tem que atingir a matéria orgânica, a fim de repará-la; pode então ser dirigido sobre o mal pela vontade do curador, ou atraído pelo desejo ardente, pela confiança, numa palavra: pela fé do doente.
>
> [...]
>
> [...] Assim sendo, também, se compreende que, apresentando-se ao curador dois doentes da mesma enfermidade, possa um ser curado e outro não. É este um dos mais importantes princípios da mediunidade curadora e que explica certas anomalias aparentes, apontando-lhes uma causa muito natural.

Jesus não era um médium que recebia ajuda de outro Espírito. Ele era o autor das curas, e recorria diretamente ao Pai celestial em Suas orações. Como disse um espírito para Kardec (2013a), Jesus foi o médium de Deus – provavelmente, o único.

Para o espiritismo, o conhecimento das leis naturais possibilita interpretar os milagres no sentido teológico, muito mais pelo significado moral que eles apresentam (suas consequências no comportamento humano) do que pelo fato sobrenatural. Como exemplo, podemos citar o caso da estrela dos reis magos: coerente com a lógica da ciência, o mais provável é que um espírito de intensa luz tenha se manifestado para indicar o caminho até o local onde nasceu o Menino Jesus.

Não há nada de sobrenatural ou de prodígio nos exemplos citados, como apresentam algumas religiões, e sim a confirmação de uma aliança da ciência com a religião.

O espiritismo encara como naturais os fenômenos produzidos por Jesus, espírito puríssimo, o da mais elevada hierarquia, que veio com a missão de esclarecer os benefícios espirituais de uma vida sadia de corpo e mente: a Salvação.

Podemos citar ainda os fenômenos registrados na Bíblia como **ressurreições**, como o da filha de Jairo e o do filho da viúva de Naim e de Lázaro. Todos podem ser explicados à luz dos conhecimentos sobre letargia e catalepsia: a ação de Jesus foi despertá-los do torpor, e se não o tivesse feito, eles seriam enterrados vivos e morreriam por asfixia.

Também nesse campo dos ditos milagres, houve o fato impressionante da **transfiguração de Jesus** diante de três discípulos: Pedro, Tiago e João. Nesse episódio, ocorreu a mudança radical nas vestes e no rosto de Jesus; e Ele conversou com as aparições de Elias e Moisés. Explicam-se tais modificações no perispírito pelo absoluto domínio que o nazareno tinha sobre os fluidos e Sua elevadíssima pureza, Sua essência moral perfeita para conseguir o efeito maravilhoso de intenso brilho e de luminosidade.

As **aparições de Jesus** após sua morte foram materializações, possíveis pela condensação do perispírito pela vontade do próprio Espírito como demonstramos no capítulo sobre mediunidade.

O maior milagre de Jesus, porém, foi a revolução promovida pelo Seu exemplo (Seu sacrifício e Seus ensinamentos). Foi um despertar, uma luz a acenar com a vitória (de cada um de Seus seguidores) sobre si mesmo e sobre todo o mal. Embora até hoje, mais de dois mil anos depois, a humanidade sofra as consequências das injustiças, do desrespeito e do desamor, Sua luz continua a iluminar os espíritos que decidiram atender ao chamado do bem e que se alimentam do pão espiritual, que são seus ensinamentos:

> A sua "não-violência" produziu o mais vigoroso e demorado movimento da fraternidade que se conhece.
>
> [...]
>
> E a sua memória, as suas lutas, as suas abnegações e o seu amor vivem atuantes até os nossos dias, constituindo a segurança dos que amam e confiam, dos que esperam e se doam à Causa de uma Humanidade melhor e mais feliz. (Franco, 1988, p. 147)

4.7 Espiritismo, uma religião sem rituais nem imagens ou símbolos

O espiritismo é uma doutrina religiosa que dispensa sinais exteriores, como altares, imagens, velas, paramentos ou vestes especiais, bebidas alcoólicas, substâncias que produzam fumaça, sons ritualísticos, danças, talismãs ou amuletos, sacramentos e quaisquer outros sinais extravagantes com a finalidade de impressionar seus seguidores. Não há orações ou fórmulas prescritas.

Trata-se de uma doutrina que exige muito estudo e dedicação à benemerência, a fim de que se cumpra o mandamento de amar ao próximo como a si mesmo, valorizando-se muito o esforço de cada um para a melhoria de suas condições morais.

Também não há sacerdócio organizado, pois não existem sacerdotes ou pastores. Conta-se com diversos colaboradores que promovem palestras, encontros, seminários e congressos com a finalidade de instruir os neófitos e de revivescer a fé dos adeptos. As reuniões ocorrem em sociedades, associações ou centros espíritas, organizados de forma a atender os princípios doutrinários, embora com regulamentos próprios para a administração dos serviços oferecidos.

Não se aceita pagamento pelos serviços de apoio e esclarecimento que os trabalhadores voluntários prestam nem práticas como adivinhações, previsões, horóscopos, cartomancia, astromancia, quiromancia, despachos ou qualquer outra manifestação material. Embora, às vezes, se encontrem pelas ruas cartazes oferecendo "serviços espirituais" ou "médiuns videntes", com todo o respeito pelas demais crenças, essas práticas não são do espiritismo. Espiritismo é uma filosofia, ciência e religião que exige muito estudo, reflexão e, principalmente, esforço, visando à própria melhoria e à da sociedade.

Você viu anteriormente como se deu o desenvolvimento da religião espírita – que não traz nada novo, apenas organiza conhecimentos e experiências espirituais que já ocorriam desde a Antiguidade, quando predominava a crença em mitos sobrenaturais. Foi muito tempo depois, quando a humanidade atravessou um longo período materialista e a religião enveredou pelo caminho dos dogmas, rituais e ânsia de poder terreno, que surgiu a necessidade da revelação espírita. Quando afirmamos que ela é a terceira revelação, estamos nos referindo ao fato de que as manifestações espirituais não eram algo novo, mas se tornaram bastante ostensivas naquele momento, no qual foram revelados detalhes da vida no além-túmulo, contados pelos espíritos que um dia já viveram entre os homens, demonstrando que a verdadeira pátria é o plano espiritual.

A religião espírita afirma que precisamos de Jesus para concretizar a vocação do homem encarnado, um ser em construção à procura da plenitude e da perfeição. Isso se dará quando seu desenvolvimento moral e intelectual, aliado à caridade e ao compromisso de amor ao próximo, for a realidade de cada um; se o amor é justo, a misericórdia é benigna.

O espiritismo propõe que a fé seja raciocinada; nada deverá ser aceito sem o crivo da razão que nos faz compreender. A esse respeito, reforçamos as palavras do mestre lionês (já apresentadas nesta obra):

> A fé raciocinada, por se apoiar nos fatos e na lógica, nenhuma obscuridade deixa. A criatura então crê, porque tem certeza, e ninguém tem certeza senão porque compreendeu. Eis por que não se dobra. **Fé inabalável só o é a que pode encarar de frente a razão, em todas as épocas da Humanidade**. (Kardec, 2013c, p. 256, grifo do original)

Síntese

Neste capítulo, elucidamos o aspecto religioso da doutrina espírita; e acompanhamos, capítulo por capítulo, *O Evangelho Segundo o Espiritismo*, que é um dos livros básicos dessa doutrina. Nessa perspectiva, apresentamos os seguintes temas:
- a origem e as características da lei divina ou natural, apresentada pelas três revelações – Moisés, Cristo e o espiritismo;
- o convite da moral cristã para a prática do bem, conforme os ensinamentos de Jesus contidos nas parábolas;

- as bem-aventuranças e a lei do amor, que devem ser conduzidas pelos mandamentos "amar a Deus sobre todas as coisas" e "amar ao próximo como a si mesmo";
- exemplos de perfeição moral em temas como os pobres de espírito, o jugo leve do Cristo Consolador e a simplicidade e pureza de coração, que induzem à perfeição do espírito e apontam as características do homem de bem (incentivo à conduta correta);
- a explicação que o espiritismo dá aos milagres de Jesus, a qual desconsidera o sobrenatural e atribui o mérito das curas à Sua elevadíssima condição espiritual (que Lhe fornece poder de cura e de conhecer o íntimo das pessoas);
- a ligação com Deus (o estabelecimento de uma corrente fluídica) e a diferença entre orar muito e orar bem (qualidade da prece), entendendo-se o "Pedi e obtereis" (Mateus 7,7) como necessidade do esforço pessoal;
- a prece como ato de adoração, louvor, solicitação e agradecimento;
- o espiritismo como uma religião que não admite atos externos, como paramentos, rituais, imagens ou símbolos, visto que o poder de sua fé está em seguir o movimento de fraternidade e paz proposto pelo Mestre Jesus.

Indicações culturais

NOS PASSOS do Mestre – Jesus segundo o espiritismo. Direção: André Marouço. Brasil, 2016. 100 min.

Documentário bíblico feito à luz da doutrina espírita, que apresenta a história de Jesus de maneira diferente, interpretando os fatos conhecidos no mundo inteiro com uma visão pautada nos princípios espíritas. Trata-se de uma produção brasileira gravada em Israel, na Turquia e no Brasil.

Atividades de autoavaliação

1. De acordo com *O Livro dos Espíritos*, o que se deve entender por *lei divina* ou *lei natural*?
   I. Todas as leis da natureza, pois Deus é o autor de tudo; elas regulam os fenômenos da natureza e o comportamento dos homens.
   II. Leis que sofrem mudanças de acordo com a respectiva época em que são promulgadas.
   III. Leis que definem apenas o funcionamento do aspecto físico do mundo.

   Assinale a alternativa correta:

   A) Apenas a I está correta.
   B) Apenas a II está correta.
   C) Apenas a III está correta.
   D) Apenas a I e a II estão corretas.
   E) Apenas a I e a III estão corretas.

2. Tendo em vista as características do código de conduta da moral cristã, assinale a alternativa **incorreta**.
   A) Identificação das qualidades que formam o caráter e levam à perfeição moral.
   B) Regras de conduta de todo aquele que deseja se tornar um cidadão de bem, consciente de suas responsabilidades perante a vida, em todas as circunstâncias.
   C) Necessidade de vigiar as próprias ações e de subjugar a natureza animal.
   D) Esforço permanente para vencer a si mesmo, tomando como base as lições do Evangelho e tendo Jesus como modelo e guia.
   E) Aprimoramento cognitivo daquele que se esforça para vencer o egoísmo, o orgulho e quaisquer outros vícios e defeitos, corrigindo instintos e seguindo o roteiro da lei de amor.

3. Quando lemos o Sermão da Montanha, é impossível deixar de comparar as bem-aventuranças citadas por Jesus com as vicissitudes da vida presente. Sobre elas, assinale a alternativa **incorreta**.

   a) Bem-aventurados os aflitos: as causas das aflições podem estar na vida presente, sendo provenientes de decisões equivocadas ou de heranças de nossos erros de encarnações passadas.

   b) Bem-aventurados os pobres de espírito: são os baldos de inteligência, os que não sabem o que fazem.

   c) Bem-aventurados os que são brandos e pacíficos: fala das muitas virtudes que caracterizam as pessoas afáveis, bondosas e pacientes, condenando todo e qualquer tipo de violência e desrespeito pelos semelhantes, como a injúria e a cólera.

   d) Bem-aventurados os que são misericordiosos: aceitação do outro como ele é, sem julgamento; deve-se ser indulgente para com as falhas alheias e rigoroso consigo mesmo.

   e) Bem-aventurados os que têm coração puro: trata da simplicidade e da pureza do coração, assim como ressalta o esforço para se corrigir as más tendências.

4. Leia com atenção o texto a seguir e preencha a lacuna.
   A doutrina espírita interpreta os ditos *milagres do Evangelho* à luz das leis naturais – que são imutáveis. Isso quer dizer que Jesus, o espírito mais puro que habitou a Terra, jamais iria contrariar as leis estabelecidas pelo Seu Pai, o Criador de todas as coisas, pois Ele mesmo disse "Não vim destruir a Lei, porém cumpri-la" (Mateus, 5,17, citado por Kardec, 2013c, p. 44).

A explicação mais coerente para os milagres é que, dada Sua elevação espiritual, Ele era capaz de _____ de acordo com Sua vontade e, assim, de produzir fatos que impressionavam multidões, como as bodas de Caná, a transformação da água em vinho e a multiplicação dos pães e dos peixes.

Agora, assinale a alternativa que completa corretamente a lacuna:

A) usar seu incomparável magnetismo pessoal
B) ver o que se passava no interior dos homens
C) usar a magnetização com as mãos
D) manipular o fluido cósmico universal
E) fazer milagres

5. Como podemos definir a prece segundo o espiritismo?
   A) Como pedidos encaminhados a Deus quando passamos por aflições na nossa existência terrena.
   B) Como fórmulas decoradas para a comunicação com o Pai, as quais surtem efeito quando repetidas.
   C) Como forma de se fazer contato com o Criador, usando linguagem coloquial para agradecer, pedir e louvar.
   D) Como a memorização de grande quantidade de palavras ou frases de efeito para apresentarmos nosso louvor, nossa gratidão e nossas necessidades ou pedidos a Deus ou aos anjos.
   E) Como um ritual sagrado que demanda o uso de artefatos, como terços e velas.

Atividades de aprendizagem

Questões para reflexão

1. Na questão 919 de *O Livro dos Espíritos* encontra-se uma mensagem de Santo Agostinho com a seguinte proposta:
   "Fazei o que eu fazia, quando vivi na Terra: ao fim do dia, interrogava a minha consciência, passava revista ao que fizera e perguntava a mim mesmo se não faltara a algum dever, se ninguém tivera motivo para de mim se queixar. Foi assim que cheguei a me conhecer e a ver o que em mim precisava de reforma" (Kardec, 2013d, p. 409).

   Com base nessa resposta de Santo Agostinho, explique qual é o papel do autoconhecimento dentro do espiritismo.

2. Qual o princípio fundamental da moral cristã dentro do espiritismo? Por quê?

Atividades aplicadas: prática

1. As parábolas têm algum significado para você? Busque atualizar a linguagem do Evangelho, contextualizando as situações apresentadas de acordo com seu modo de viver e a sua compreensão a respeito da moral de cada história. Para isso, faça um resumo daquelas que podem ser aplicadas ao seu cotidiano.

2. Reflita sobre o conteúdo evangélico que estudou neste capítulo e anote os pontos que precisa ajustar na sua conduta para aprimorar os princípios éticos e de bem viver. Em seguida, elabore um texto destacando e comentando tais pontos.

A VIDA FUTURA E A LEI DE CAUSA E EFEITO

Neste capítulo, analisaremos as consequências do livre-arbítrio na tomada de decisões que definem o destino espiritual dos seres humanos, pois já acumulamos muitos conhecimentos a respeito da doutrina espírita. Um deles é a certeza de que a vida do espírito é eterna.

Embora tenha inúmeras experiências em múltiplas existências, ao final de cada vida terrena, ou encarnação, o espírito se liberta do corpo físico e vai para a erraticidade. Ali poderá encontrar seus amigos e seus amores, trabalhar, se instruir e progredir. O lugar para onde vai depende da forma como viveu e dos sentimentos que desenvolveu durante a estadia na Terra. Como não existe consequência sem causa, sua felicidade depende do grau de progresso que tenha atingido. Nada acontece por acaso ou por benesse divina; é o Ser que, usando seu livre-arbítrio, define o próprio destino.

5.1 A influência das ações humanas no futuro espiritual de cada um

Como já mencionamos, no presente plantamos as sementes que darão frutos no futuro, isto é, o destino que nos aguarda no mundo espiritual depende apenas de nós, das decisões que tomamos e das nossas ações.

5.1.1 A vida presente e seus reflexos na vida futura

O espírita sabe que as penas e gozos terrestres (felicidades e infelicidades) são relativos, que não abandonará seus entes queridos e que poderá manter contato com eles. Ele tem a certeza de que do "outro lado" receberá o justo prêmio se agir com retidão nas circunstâncias que a vida terrena lhe apresentar; se cumprir os propósitos que previamente, antes de reencarnar, havia estabelecido para essa etapa; e se procurar agir com retidão de caráter no que se refere ao amor ao próximo e ao perdão das ofensas.

Como nos ensina o pedagogo Vinícius, um pesquisador das verdades eternas:

> Se o acaso e o sobrenatural existissem, não haveria ciência.
>
> [...]
>
> Graças à Lei, que se desdobra em causas e efeitos, tudo é possível. Sem ela, com o **acaso** e o **sobrenatural**, o mundo seria um caos, o trabalho e as porfias do homem uma insânia. Nada justificaria as tentativas e, menos ainda, o esforço, a luta e o sacrifício.
>
> O **acaso** é um termo inexpressivo e vão. O **sobrenatural** é um vocábulo cujo verdadeiro significado é superstição ou ingenuidade [...]. (Vinícius, 1991, p. 239, grifo do original)

Ser bom e agir corretamente é a melhor forma para progredir espiritualmente. Porém, não adianta só a aparência de bondade e dedicação; essas qualidades devem ser reflexo da convicção interior. É preciso fazer o bem pelo bem, por se estar convencido da importância de batalhar por um mundo melhor, mais justo e igualitário, não para "ganhar um pedacinho no céu". Além disso, tudo está interligado e ninguém será feliz sozinho.

Em síntese, tudo o que fazemos no presente terá reflexos na vida futura. Mesmo que a atual existência seja de provações, dores e sacrifícios, isso não ocorre por vingança divina ou desatenção de Deus para com o sofredor, mas como resultado de ações cometidas no passado. São etapas que o indivíduo precisa cumprir – como quem sobe uma escada, degrau por degrau – para deixar para trás suas dificuldades e deslumbrar-se com as belezas do avanço espiritual, podendo, enfim, comemorar a missão cumprida.

Tudo o que acontece em nossa vida, alegrias ou desgostos, felicidades ou infelicidades, representa lições necessárias ao nosso aprendizado. Muitas vezes nos deparamos com pessoas que, aparentemente, são felizes e têm tudo, e com outras que vivem na penúria. Allan Kardec (2013d, p. 413-414) questionou os espíritos superiores sobre essa desigualdade:

> 921. Concebe-se que o homem será feliz na Terra quando a Humanidade estiver transformada. Enquanto isso se não verifica, pode-se conseguir uma felicidade relativa?
>
> "O homem é quase sempre o obreiro da sua própria infelicidade. Praticando a Lei de Deus, a muitos males se forrará e proporcionará a si mesmo felicidade tão grande quanto o comporte a sua existência grosseira."
>
> Aquele que se acha bem compenetrado de seu destino futuro não vê na vida corporal mais do que uma estação temporária, [...] como [uma] parada momentânea em péssima hospedaria. Facilmente se consola de alguns aborrecimentos passageiros de uma viagem que o levará a tanto melhor posição, quanto melhor tenha cuidado dos preparativos para empreendê-la.
>
> Já nesta vida somos punidos pelas infrações que cometemos das leis que regem a existência corpórea, sofrendo os males consequentes dessas mesmas infrações e dos nossos próprios excessos. Se, gradativamente remontarmos à origem do que chamamos as nossas desgraças terrenas, veremos que, na maioria dos casos, elas

são consequência de um primeiro afastamento nosso do caminho reto. Desviando-nos deste, enveredamos por outro, mau, e, de consequência em consequência, caímos na desgraça.

Vencer o egoísmo, a ambição frustrada e o orgulho ferido é o objetivo da existência humana. Deixar de lado os preconceitos e os interesses pessoais em benefício da comunidade, no meio em que vivemos, é uma forma de progredir moralmente e deixar a condição de prova e expiação, passando para a de regeneração. Esse é o destino individual do ser humano e o do planeta Terra.

Nascer e morrer marcam o início e o término de uma jornada. O que acontece nesse intervalo define a etapa seguinte. Se triunfar nas provas pelas quais deverá passar, o futuro do espírito será melhor; se fracassar, deverá repetir, embora em novas circunstâncias – como o aluno que é reprovado no período escolar. Dependendo do que realizou, de seus pensamentos, sentimentos e ações no caminho do bem, ele é conduzido a um lugar de maior ou menor adiantamento.

5.1.2 A perda de entes queridos

Um dos maiores motivos de infelicidade para o homem encarnado é a perda dos seres que ama. Como já demonstramos, a existência humana tem uma programação, um plano de ação definido antes do nascimento. Ao conhecer as leis naturais e os princípios que regem a vida e a morte, o ser humano se torna mais lúcido e deixa de temer tanto sua morte quanto a daqueles que ama, compreendendo que cada um tem tarefas e compromissos que, quando findos, levam o espírito a partir para uma nova etapa. Ele continuará vivendo eternamente, amando os que lhe são caros; onde estiver, o afeto sobreviverá.

Kardec também inquiriu os espíritos com relação a essa questão em *O Livro dos Espíritos*:

936. Como é que as dores inconsoláveis dos que sobrevivem se refletem nos Espíritos que as causam?

"O espírito é sensível à lembrança e às saudades dos que lhe eram caros na Terra, mas uma dor incessante e desarrazoada o **toca penosamente**, porque, nessa dor excessiva, ele vê falta de fé no futuro e de confiança em Deus e, por conseguinte, um obstáculo ao adiantamento dos que o choram e talvez à sua reunião com estes."

Estando o espírito mais feliz no Espaço que na Terra, lamentar que ele tenha deixado a vida corpórea é deplorar que ele seja feliz. Figuremos dois amigos que se achem metidos em uma mesma prisão. Ambos alcançarão um dia a liberdade, mas um a obtém antes do outro. Seria caridoso que o que continuou preso se entristecesse porque o amigo foi libertado primeiro? Não haveria, de sua parte, mais egoísmo do que afeição em querer que do seu cativeiro e do seu sofrer partilhasse o outro por igual tempo? O mesmo se dá com dois seres que se amam na Terra. O que parte primeiro é o que primeiro se liberta e só nos cabe felicitá-lo, aguardando com paciência o momento em que a nosso turno também o seremos. [...]. (Kardec, 2013d, p. 419-420, grifo nosso)

A doutrina espírita apresenta a possibilidade real de nos comunicarmos com aqueles que partiram, diminuindo, assim, a dor da saudade e da solidão. Alguns, porém, por não compreenderem essa realidade, se desesperam e desgostam da vida, o que perturba seus afetos desencarnados e os faz sofrer. Além disso, o próprio sofredor pode se prejudicar se deixar de cumprir os compromissos que assumiu, usando como justificativa a falta do ausente.

Se, desgostoso e desiludido, o espírito encarnado atentar contra a própria vida, tentando fugir das dores e provações por meio do suicídio, esse ato agravará seus compromissos perante as leis divinas, visto que, ao transgredi-las (por covardia), estará cometendo um crime. Ao sair da vida prematuramente, o espírito se depara com muito sofrimento e desilusão, pois não encontra seus amados a esperá-lo – pelo contrário, não vai conseguir localizá-los. Também seus problemas não ficarão solucionados e, como criminoso, deverá saldar seu débito retornando por meio de uma nova existência, em condições mais difíceis.

Isso não é uma vingança divina, e sim o ressarcimento de uma dívida, acrescida dos juros correspondentes, pois, segundo o mestre (Kardec, 2013d, p. 427), "as penas são proporcionadas sempre à consciência que o culpado tem das faltas que comete".

Ao descrever as consequências do suicídio na questão 957 do livro citado, Kardec (2013d, p. 429) conclui o seguinte:

> A religião, a moral, todas as filosofias condenam o suicídio como contrário às Leis da Natureza. Todas nos dizem, em princípio, que ninguém tem o direito de abreviar voluntariamente a vida. Entretanto, por que não se tem esse direito? Por que não é livre o homem de pôr termo aos seus sofrimentos? Ao espiritismo estava reservado demonstrar, pelo exemplo dos que sucumbiram, que o suicídio não é uma falta, somente por constituir infração de uma lei moral, consideração de pouco peso para certos indivíduos, mas também um ato estúpido, pois que nada ganha quem o pratica, o contrário é o que se dá, como no-lo ensinam, não a teoria, porém os fatos que ele nos põe sob as vistas.

Sobre esse assunto, muitas foram as comunicações mediúnicas recebidas de espíritos suicidas lamentando sua falta de conhecimento em relação às consequências do ato desvairado. Eles informam que, conforme o tipo de morte praticado, ocorreram lesões em seu corpo perispiritual a serem corrigidas em próxima existência por meio de deficiências nos órgãos atingidos, como doenças crônicas, cegueira, surdez e déficit intelectual ou motor.

Quanto às decepções, à ingratidão, às afeições destruídas e às uniões antipáticas, o espiritismo as considera como parte do processo evolutivo; cabe a cada um encará-las com serenidade, atendendo ao princípio cristão de perdoar os inimigos e de fazer aos outros o que gostaríamos que nos fizessem.

A partir do momento que o espírito compreende que é o autor e o artífice do seu destino, ele passa a valorizar mais aquilo que é importante para o seu futuro, considerando seus sentimentos, suas emoções e as ações diárias no trato com seus semelhantes e consigo mesmo.

5.2 O sofrimento dos espíritos inferiores e a felicidade dos justos na vida futura

Quem quer que seja traz gravado em seu íntimo a intuição das penas e gozos futuros. Podemos afirmar que esse sentimento inato é a **voz da consciência**, a qual nos indica a necessidade de reflexão sobre o próprio futuro. Considerando que não há efeito sem uma causa que o originou, podemos deduzir que os espíritos que se encontram em sofrimento estão sendo vítimas de si mesmos.

Quando infringimos uma lei, seja em relação ao próximo ou a nós mesmos, seja em relação ao meio físico natural ou social em que vivemos, é certo que teremos de reparar o mal cometido. É uma consequência natural, que pode ser imediata ou não. Precisamos compreender que todas as ações humanas produzem efeitos no futuro espiritual e que as penas não são arbitrárias ou vingativas.

> **967. Em que consiste a felicidade dos bons Espíritos?**
> "Em conhecerem todas as coisas; em não sentirem ódio, nem ciúmes, nem inveja, nem ambição, nem qualquer das paixões que ocasionaram a desgraça dos homens. O amor que os une lhes é fonte de suprema felicidade. Não experimentam as necessidades, nem os sofrimentos, nem as angústias da vida material. São

felizes pelo bem que fazem. Contudo, a felicidade dos Espíritos é proporcional à elevação de cada um. Somente os puros Espíritos gozam, é exato, da felicidade suprema, mas nem todos os outros são infelizes. Entre os maus e os perfeitos há uma infinidade de graus em que os gozos são relativos ao estado moral. Os que já estão bastante adiantados compreendem a ventura dos que os precederam e aspiram alcançá-la, mas esta aspiração lhes constitui uma causa de emulação, não de ciúme. Sabem que deles depende o consegui-la e para a conseguirem trabalham, porém com a calma da consciência tranquila e ditosos se consideram por não terem que sofrer o que sofrem os maus." (Kardec, 2013d, p. 434-435)

Podemos constatar que o trabalho de **burilamento pessoal**, embora árduo, é o que nos conduz à perfeição, como ensinou o mestre Jesus, nosso modelo. Essa é a nossa meta e destino, numa caminhada de aprimoramento e progresso espiritual.

Com relação aos espíritos inferiores, muitos se comunicam descrevendo sofrimentos atrozes, lugares sem luz (pântanos e cavernas) e muita solidão, pois só encontram companheiros em condição semelhante à sua. São apenas estados de consciência culpada, mas que, para eles, têm existência real – eles pensam que estão condenados para todo o sempre devido aos erros cometidos. Alguns dizem que não conseguem deixar de ver as cenas de homicídio ou suicídio que cometeram, pois elas se repetem continuamente – e isso os tortura. Eles se queixam de que não têm forças para afastar as imagens gravadas em seu campo mental. Já outros se apresentam imbuídos de sentimento de vingança ou desejosos de fazer o mal aos seus desafetos ainda encarnados. No entanto, isso só é possível quando ambos estão em sintonia.

Durante o tempo em que permanece na erraticidade, o espírito consegue ver com clareza todo o mal que praticou. Quando se arrepende e manifesta o desejo sincero de corrigir suas faltas, recebe o apoio dos emissários da Luz. Ao mudar o panorama mental afligente, suas dores morais diminuem e ele recomeça a caminhada rumo ao bem, preparando-se para uma nova existência, na qual poderá reparar os erros cometidos e superar sua ignorância.

Todavia, existem espíritos embrutecidos que se comprazem em praticar o mal. Eles podem demorar muito tempo na erraticidade, sem nenhum progresso, até ser compulsoriamente obrigados a uma nova encarnação, determinada pela justiça divina. Provavelmente, terão uma vida de dificuldades e duras provas, uma expiação proporcional às faltas cometidas, a qual visa despertá-los para a mudança de rumo.

Conforme orientam os espíritos superiores, "o arrependimento lhe apressa a reabilitação, mas não o absolve" (Kardec, 2013d, p. 447). É preciso que o mal seja reparado. Lembramos que a reabilitação ou reparação das faltas terá duração compatível com o erro cometido pelo espírito. Ela não se dará por tempo indeterminado, apenas o suficiente para corrigir o mal, entendido aqui como experiências que não deram certo em razão do mau uso do livre-arbítrio. Será necessário intenso trabalho de reforma íntima para que o espírito saia dessa condição inferior e, finalmente, consiga se aceitar como ser imperfeito e falível, iniciando, assim, a marcha do progresso espiritual que o levará a gozar da verdadeira vida.

5.3 Para onde vamos na vida futura?

Cada religião apresenta sua teoria sobre o destino dos espíritos após a morte, como o Nirvana ou o Paraíso, o inferno e o purgatório. Para o espiritismo, essas são alegorias para melhor compreensão do destino das almas, pois o céu e o inferno são estados da alma, conforme já explicitamos no item anterior. Dessa forma, eles não correspondem a lugares fixos no Universo, mas a estados interiores de espíritos que, por afinidade, se congregam em falanges do bem ou turbas do mal, deslocando-se de acordo com suas condições de adiantamento espiritual e grau de compreensão das leis naturais e morais.

> **PRESTE ATENÇÃO!**
>
> Divaldo Pereira Franco (1927–) nos apresenta uma comunicação do Espírito Manoel Philomeno de Miranda na qual ele trata das condições de vida no mundo espiritual, especialmente no que se refere às "estruturas físicas" e à "organização comunitária" das diferentes regiões. Ele esclarece o seguinte sobre o mundo espiritual:
>
> > Simultaneamente, nas regiões de angústia e de dor, de reparação e de arrependimento, as densas vibrações dos seus habitantes desencarnados **reconstroem** os antigos lares e experienciam as organizações sociais e políticas que são compatíveis com a necessidade do progresso ou de recomeço através dos sofrimentos.
> >
> > Pululam, desse modo, no orbe terrestre e à sua volta cidades e conglomerados com instituições e hábitos humanos, às vezes, tão semelhantes que um observador, menos atento, suporia encontrar-se na Terra, em agregados infelizes ou sítios pestilenciais onde a miséria moral e o descalabro fazem morada. (Franco, 2006, p. 104, grifo do original)

Apenas para efeito de melhor compreensão, lembramos que existem vários mundos, os quais os espíritos habitam de acordo com seu nível de evolução, conforme a escala espírita já estudada, cuja diversidade de nuances em cada categoria é muito grande. A dedução lógica é que os espíritos afins se congregam por semelhança, pois o mundo espiritual é uma

> Cópia imperfeita do mundo além da forma material.
>
> De acordo com a proximidade da Terra, os círculos espirituais concêntricos apresentam caráter especial bem definido que as estruturas físicas do mundo consolidam.

À medida que se distanciam, habitados por espíritos mais evoluídos, felizes uns e ditosos outros, as suas **edificações** somente chegarão à crosta do planeta, quando a cultura, a ética e a civilização alcançarem mais nobres patamares.

Nessas esferas luminíferas igualmente vinculadas ao planeta terrestre – algumas delas mais especialmente – estagiam os missionários da Ciência, da Beleza e do Amor que, ao se reencarnarem no mundo físico, fomentam o desenvolvimento tecnológico, auxiliam nas conquistas do conhecimento científico e contribuem com os valiosos recursos para apressarem o progresso e conduzirem os seres humanos a estágios mais nobres. (Franco, 2006, p. 104, grifo do original)

Assim, os espíritos se encontram em mundos compatíveis com seu nível de desenvolvimento espiritual. Podemos estabelecer um paralelo entre as categorias de espíritos e as regiões nas quais se reúnem quando estão na erraticidade, que podem ser inferiores ou superiores:

1. Os mundos que correspondem ao **céu** são habitados por espíritos de elevada condição, já bastante avançados na esteira do progresso e voltados exclusivamente à prática do bem. Neles, as impurezas estão extintas. Trata-se dos espíritos de primeira ordem (os **espíritos puros**), que atingiram a máxima perfeição. Seu estado interior é muito elevado, tanto no aspecto intelectual quanto no moral. Como são os mensageiros de Deus, se relacionam com os demais espíritos sempre como guias e mentores, dedicados a acompanhar sua evolução e a dos mundos.
2. O dito **purgatório** corresponde aos mundos que abrigam os espíritos de segunda ordem, os **bons espíritos**, nos quais predomina o desejo do bem. Nessa categoria, alguns se destacam pelo conhecimento científico em determinadas áreas; outros, pela sabedoria (e todos eles pela bondade). São os "bons gênios",

guias e espíritos protetores que se distinguem pelas qualidades morais e benevolência. Porém, ainda estão se esforçando para atingir o patamar superior, combatendo a ignorância, as injustiças e o ódio e cumprindo provas que os conduzirão à perfeição. Ainda sentem no íntimo que muito precisam trabalhar em si mesmos para depurar suas tendências inferiores.

3. No **inferno** estão os **espíritos imperfeitos**, de terceira ordem, que se aprazem em fazer o mal ou são indiferentes ao bem. Neles imperam os sentidos materiais e suas paixões, o orgulho, o egoísmo e a ignorância. São espíritos impuros, levianos, pseudossábios, neutros, perturbadores, maldosos e cínicos. Eles precisam passar por dolorosas provações e expiações até se conscientizarem da necessidade da prática do bem. Reúnem-se em lugares cujo campo vibracional é denso e pesado, produto de suas próprias mentes, os quais os mantêm vinculados pelos fluidos que exteriorizam. Esses lugares também são chamados de *umbral* ou *zonas umbralinas*.

E o fogo eterno? Nada mais é do que uma figura de retórica, usada para descrever o estado de ebulição interior daquele que está inflamado pelo ódio, pelo desejo de vingança ou pelas paixões de qualquer gênero.

O resumo que apresentamos foi elaborado apenas para efeito didático, visto que estabelece um paralelo com conceitos populares. Para o espiritismo, como já o mencionamos, cada um carrega dentro de si o céu e o inferno, reflexo de suas ações e vontades, sendo o purgatório representado pelas dores físicas e morais que exigem expiações e provas constantes.

Portanto, se o céu e o inferno estão dentro de nós, não são produto de uma força exterior, e sim resultantes das nossas próprias emanações mentais. Sentimo-nos no céu quando atingimos o estado de plenitude, de harmonia interior, de devotamento ao bem e de equilíbrio nas relações interpessoais, vivendo em comunhão com Deus. Por outro lado, quando nos debatemos em conflitos interiores, nossa relação com o próximo é de constantes queixas e agressividade, convivemos em ambiente hostil e cada vez mais nos afastamos uns dos outros e de Deus, por certo sentiremos que estamos vivendo no inferno. Ao desencarnarmos, envoltos em campo vibracional desajustado e denso, seremos atraídos para zonas compatíveis com nosso campo de energia, o qual retrata nossa condição espiritual.

Em relação ao purgatório, vale a pena refletir sobre as ponderações do Espírito Manoel Philomeno de Miranda:

> As construções mentais de cada indivíduo constituem-lhe a psicosfera na qual se movimenta, alimentando-se das vibrações elaboradas e emitindo-as em todas as direções.
>
> Conforme o conteúdo de que se revestem essas exteriorizações psíquicas, formam-se campos de energia correspondente ao teor de que se constituem, propiciando bem ou mal-estar, felicidade ou desar interior.
>
> A perseverança no hábito das elaborações perniciosas e vulgares produz emanações morbíficas que se condensam à sua volta, definindo a qualidade das suas aspirações íntimas e gerando sintonias com ondas e entidades correspondentes. (Franco, 2006, p. 86)

Já demonstramos que é pela identidade de pensamentos e sentimentos que atraímos companheiros. Assim é na vida terrena e se repete no mundo espiritual. Contudo, a bondade divina é infinita e não deixa seus filhos ao léu: acompanha os infelizes enviando seus mensageiros para missões de esclarecimento, despertamento da consciência e resgate. A esses guias cabe encaminhar aos locais de atendimento espiritual, semelhantes a postos de saúde na Terra, todos os espíritos atormentados que demonstrarem arrependimento pelas atitudes equivocadas e vontade de ressarcir seus débitos para deixar de sofrer.

Quando desencarnados, será o nosso panorama interior que atrairá boas ou más companhias, com as quais passaremos a conviver, pois é a identificação emocional que nos aproxima. Encontraremos reciprocidade em regiões de estudo, de trabalho, hospitalares ou dolorosas, como resultado das escolhas que fizemos e dos erros ou acertos que cometemos durante a vida terrena.

Para o espiritismo não existe o "juízo final" – ninguém nos julgará. O que ocorre na desencarnação é um encontro com nossa consciência, que é o nosso juiz. Não há como fugir das consequências da vida terrena. Nossa história pessoal se encontra gravada no perispírito e, por isso, não temos como escondê-la ou como fingirmos ser aquilo que não somos.

5.4 As penas futuras segundo o espiritismo

Para quase todas as pessoas é inquietante refletir sobre a morte, ou melhor, sobre o que acontecerá a partir do momento que, esgotado o fluido vital que animava o corpo físico, seu espírito se despedirá da vida corpórea. Como o assunto causa certo mal-estar e apreensão, geralmente ninguém pensa sobre ele ou ninguém considera que está pronto para a partida. Porém, uma coisa é certa: esse momento chegará um dia e vamos nos encontrar no outro lado da vida, como um viajante que foi trabalhar para cumprir uma tarefa e retorna, trazendo na bagagem o resultado das suas realizações e frustrações.

Aquele que acredita que a morte é um ponto final, nada espera além de dormir o "sono eterno" ou "descansar em paz". Um materialista, por exemplo, preocupado em "aproveitar a vida, porque ela é uma só", terá uma surpresa ao desencarnar, pois se sentirá vivo, embora "diferente". Como afirma Kardec (2013b, p. 12, grifo do original) no livro *O Céu e o Inferno*, "se há doutrina **insensata e antissocial**, é, seguramente, o **niilismo** que rompe com os verdadeiros laços de solidariedade e fraternidade, em que se fundam as relações sociais". Para essa teoria o porvir é o nada.

Outra possibilidade, caso o recém-desencarnado nela acredite, é a **absorção pelo Todo Universal** (Karde, 2013b), cujos efeitos são semelhantes aos do materialismo. Nas palavras de Kardec (2013b, p. 14): "Segundo esta doutrina, cada indivíduo assimila ao nascer uma parcela desse princípio, que constitui sua alma, e dá-lhe vida, inteligência e sentimento. Pela morte, esta alma volta ao foco comum e perde-se no infinito, qual gota d'água no oceano".

Semelhante a essa teoria é o panteísmo, segundo o qual a fonte, o princípio de vida e o princípio inteligente constituem a divindade. Após a morte, esses elementos voltam a se misturar no Todo.

Kardec contesta tais ideias, apontando uma terceira possibilidade:

> Ademais, estes sistemas não satisfazem nem a razão nem a aspiração humana; deles decorrem dificuldades insuperáveis, pois são impotentes para resolver todas as questões de fato que suscitam. **O homem tem, pois, três alternativas: o nada, a absorção ou a individualidade da alma antes e depois da morte.**
>
> É para esta última crença que a lógica nos impele irresistivelmente, crença que tem formado a base de todas as religiões desde que o mundo existe. (Kardec, 2013b, p. 16, grifo do original)

Com os esclarecimentos que acabamos de fornecer, vamos voltar à situação hipotética que estávamos acompanhando: se o espírito não se sentiu diluído no Todo e até presenciou o próprio funeral, sem entender o que estava acontecendo; se tentou falar com seus familiares e eles lhe foram indiferentes; se viu seu corpo estendido no caixão e depois enterrado; se reviu amigos ou parentes mortos e, ainda assim, se sente vivo, o que estará acontecendo? Dependendo do seu grau de compreensão do fenômeno, o espírito aceitará o fato em maior ou menor tempo; ou sua confusão aumentará.

O espírito sairá dali acompanhado pelos espíritos que lhe são afins. Ainda usando a metáfora do viajante, eles o ajudarão a abrir a mala para fazer a análise do que trouxe consigo – nada material, apenas o relatório de suas realizações. Ele analisará seu plano de viagem, traçado previamente à entrada na carne (reencarnação), e poderá avaliar o resultado de sua caminhada.

Se o desercarnado foi um bom sujeito, teve conduta correta, colaborou com o progresso pessoal e dos que o acompanharam na vida, contribuindo para a melhoria da sociedade na qual viveu, ao se dar conta da sobrevivência de seu espírito, ele constatará que houve um saldo positivo no balanço da vida, com mais ganhos do que perdas. Continuará na nova etapa, trabalhando e se instruindo para avançar cada vez mais, tanto intelectual como moralmente. Todavia, se seu balanço de vida registrar muitas perdas, resultantes de decisões equivocadas ou mal-intencionadas, de egoísmo ou de orgulho, embora não tenha praticado o mal, o espírito constatará que teve uma existência na qual não progrediu. Por isso, ele deverá trabalhar muito e se instruir compulsoriamente antes de voltar à nova encarnação. Para ela, traçará outro plano, com desafios mais difíceis, nos quais sofrerá as consequências de todo o mal que praticou ou do bem que deixou de fazer.

IMPORTANTE!

O **balanço de vida**, que representa a justiça ou aplicação da lei de causa e efeito, determinará a sorte do desencarnado, que teve livre-arbítrio para escolher seu estilo de vida e suas aquisições.

Em síntese, após a morte física, o espírito imortal geralmente passa por um período de torpor, tipo um adormecimento, para depois de algum tempo despertar para usufruir das condições que preparou para si próprio, pois ele é o único responsável pelo seu destino. Se agiu mal, precisará resgatar suas faltas em nova existência, após um tempo maior ou menor na erraticidade. Para isso, precisará estabelecer um programa de reparação.

O espiritismo nos traz a certeza de que a vida do espírito é eterna e composta por diferentes etapas reencarnatórias. Em cada uma delas o Ser executa um programa compatível com suas necessidades evolutivas e seu nível de desenvolvimento espiritual. Sua direção é sempre no sentido da evolução intelectual e moral. Porém, o espírito pode preferir estacionar, não fazer aquisições e manter-se alheio ao chamamento para dedicar-se ao bem e dar sua contribuição para a construção de um mundo melhor. Caso assim decida – tem livre-arbítrio para isso –, arcará com as consequências, retardando sua caminhada. Renascerá tantas vezes quanto for necessário para atingir o estado de espírito puro. Como nos esclarece Kardec (2013b, p. 59):

> Devido às suas imperfeições, o Espírito culpado sofre primeiro na vida espiritual, sendo-lhe depois facultada a vida corporal como meio de reparação. É por isso que ele se acha nessa nova existência, quer com as pessoas a quem ofendeu, quer em meios análogos àqueles em que praticou o mal, quer ainda em situações opostas à sua vida precedente, como, por exemplo, na miséria, se foi mau rico, ou humilhado se foi orgulhoso.

Assim sendo, não há motivo para temer a morte; ela é apenas o final de uma viagem. Podemos chegar como se retornássemos de uma Olimpíada: com medalhas, sem medalhas, eliminados por acidentes ou desistentes, mas sempre teremos a possibilidade de voltar aos treinos para triunfar na próxima vez. Para ninguém a eliminação é sumária.

Os espíritas associam a vida material às consequências futuras. Não há temor da morte, pois ela é o momento de retorno à verdadeira pátria, a espiritual, que é de clareza cristalina. Eles sabem que não devem provocar a morte, porque isso seria um desrespeito à lei de conservação que os obriga a cuidar do seu veículo material. São gratos a Deus pela oportunidade de viver e esperam com tranquilidade o momento de partir, sabendo que do "outro lado" continua a vida e que todo esforço em busca do crescimento será recompensado. Compreendem que o espírito, paulatinamente, vai se despojando das más tendências e limitações, tornando-se digno de viver experiências mais felizes, em mundos cada vez mais avançados.

5.5 A progressão espiritual por meio de provas, expiações e missões

O conhecimento sobre a imortalidade da alma e a reencarnação nos ajuda a compreender a aplicação da justiça divina nas diferentes situações de cada espírito encarnado. Para melhor esclarecer essa aplicação, recorremos a alguns princípios sobre as penas futuras registrados no livro *O Céu e o Inferno*, os quais foram intitulados pelos espíritos de **Código penal da vida futura**.

A seguir apresentamos alguns pontos que consideramos imprescindíveis para o entendimento doutrinário do espiritismo, os quais servem de roteiro para uma vida plena.

- O sofrimento na vida espiritual é consequência das imperfeições na vida corporal e tem por finalidade sua correção.
- A perfeição se traduz em purificação do espírito que detém qualidades elevadas.

- O futuro do espírito está condicionado aos méritos que ele conquistar por esforço próprio, a fim de corrigir suas faltas – débitos a serem resgatados em uma ou mais existências.
- O espírito traz consigo um arquivo com o registro de suas qualidades e imperfeições e das ações boas ou más que praticou, o qual se reflete nas próximas encarnações.
- A expiação está diretamente ligada à gravidade dos atos cometidos, que devem ser resgatados em tempo variável, de acordo com o empenho do culpado para melhorar.
- O arrependimento é essencial e pode ocorrer a qualquer momento, embora não libere o espírito da expiação e da reparação; afinal, os três "são condições necessárias para apagar os traços de uma falta e suas consequências" (Kardec, 2013b, p. 85).
- O progresso espiritual é condicionado à vontade do espírito, que pode avançar rapidamente ou ser muito lento; porém, nenhum espírito será eternamente mau.
- Os espíritos protetores ou anjos da guarda são encarregados de estimular a vontade de progresso dos seus protegidos.
- As punições são proporcionais às faltas cometidas; por exemplo, "para o criminoso, a presença incessante das vítimas e das circunstâncias do crime é um suplício cruel" (Kardec, 2013b, p. 88), assim como a sensação de estar sozinho ou mergulhado em trevas e de sofrer as mesmas torturas que fez a outrem.
- Para atenuar as penas são necessários o arrependimento e a reparação, pois a misericórdia de Deus não apaga as culpas, apenas dá chances para sua correção.
- As penas são "remédios auxiliares à cura do mal" (Kardec, 2013b, p. 89), que beneficiam o espírito de acordo com a disciplina que ele demonstrar para seu aproveitamento.
- Para a justiça divina não existem privilégios ou privilegiados; cada ser possui livre-arbítrio para agir no bem ou no mal e responde pelos seus atos.

Segundo Kardec (2013b, p. 91), podemos resumir o referido código, de acordo com seu teor educativo e não punitivo, nos seguintes princípios:

1) O sofrimento é inerente à imperfeição.

2) Toda imperfeição, assim como toda falta dela promanada, traz consigo o próprio castigo nas consequências naturais e inevitáveis: assim, a moléstia pune os excessos e da ociosidade nasce o tédio, sem que haja mister de uma condenação especial para cada falta ou indivíduo.

3) Podendo todo homem libertar-se das imperfeições por efeito da vontade, pode igualmente anular os males consecutivos e assegurar a futura felicidade.

A seguir detalhamos alguns conceitos para esclarecer como se dá o fim dos sofrimentos pelos quais passa o espírito, conforme se encontram na obra citada.

- **Arrependimento**: é a atitude de reconhecer o erro aliada à decisão de reparar o mal causado, condições imprescindíveis à superação do equívoco e ao início da recuperação do espírito no caminho do bem. Quando a permanência no erro é prolongada, o espírito se embrutece porque se compraz com o mal. Pode passar muito tempo até que ele comece a se dar conta de que seu procedimento em desequilíbrio com as leis naturais é causa de insatisfação e sofrimento. Aí o espírito percebe o sofrimento como consequência dos próprios atos e se arrepende. O arrependimento o leva à decisão de mudar. Não há castigo eterno, mas não basta o arrependimento para estancar seu sofrimento; é preciso reparar o mal. Relatam os espíritos que, nesse momento, o desencarnado recebe todo o apoio daqueles que o acompanham e são encarregados de auxiliá-lo.

- **Reparação**: é refazer experiências trocando o mal cometido pelo bem para a reabilitação do espírito devedor.
- **Provas ou provação**: antes de nascer, o espírito escolhe o gênero de provas pelas quais deverá passar, levando em consideração suas experiências anteriores e a necessidade de reparar os erros que tenha cometido. Ele tem livre-arbítrio para fazer sua programação da vida futura – não estabelece detalhes, apenas os fatos principais. Por exemplo:

> 260. Como pode o Espírito desejar nascer entre gente de má vida?
>
> "Forçoso é que seja posto num meio onde possa sofrer a prova que pediu. Pois bem! É necessário que haja analogia. Para lutar contra o instinto do roubo, preciso é que se ache em contato com gente dada à prática de roubar." (Kardec, 2013d, p. 169).

Assim também ocorre com relação às doenças e aos relacionamentos conflituosos.

- **Expiação**: são sofrimentos físicos e morais pelos quais o espírito deverá passar até esgotar os vestígios das más condutas. Podem ocorrer expiações compulsórias em razão da gravidade das faltas cometidas, do endurecimento do Espírito e de sua persistência no erro sem demonstrar indícios de arrependimento, como nos casos de suicídio ou homicídio.
- **Missão espiritual**: missões são tarefas que os espíritos desempenham visando ao bem. Temos Jesus como maior exemplo de todos os tempos, visto que Ele – um espírito puro – abraçou a missão de vir à Terra como emissário de Deus para auxiliar no progresso espiritual dos homens. Podemos considerar como missão o trabalho de eminentes figuras – algumas consideradas santas – que se destacaram na ajuda aos infelizes e necessitados desde tempos imemoriais, como Madre Tereza de Calcutá, Gandhi e Martin Luther King.

Kardec comenta o seguinte sobre as missões dos espíritos quando estão na erraticidade:

Alguns desempenham missões mais restritas e, de certo modo, pessoais ou inteiramente locais, como sejam assistir os enfermos, os agonizantes, os aflitos, velar por aqueles de quem se constituíram guias e protetores, dirigi-los, dando-lhes conselhos ou inspirando-lhes bons pensamentos. Pode-se dizer que há tantos gêneros de missões quantas as espécies de interesses a resguardar, assim no mundo físico como moral. O espírito se adianta conforme a maneira por que desempenha sua tarefa. (Karded, 2013d, p. 274)

Dessa forma, podemos concluir que a justiça divina se faz pela lei de causa e efeito. Nada de importante acontece em nossas vidas sem que esteja programado, embora possamos alterar esse programa para melhor ou para pior pelo uso do livre-arbítrio, educando as tendências inferiores ou nos entregando a elas. Se tivermos essa consciência, poderemos definir nossa rota pessoal de reabilitação, de progresso espiritual. No entanto, só à medida que vamos amadurecendo espiritualmente é que nos tornamos capazes de compreender essa realidade e de estabelecer a diferença entre *prova, expiação, reparação* ou *resgate* e *missão*. O futuro está em nossas mãos.

5.5.1 Exemplos de situações espirituais durante e depois da desencarnação

Apresentaremos a seguir alguns exemplos de espíritos em diferentes graus de progresso espiritual por meio de depoimentos de espíritos felizes, medianos e sofredores – os quais estão descritos no livro *O Céu e o Inferno*, de Allan Kardec.

Caso 1:
RELATO DE UM ESPÍRITO FELIZ
BERNARDIN (BORDEAUX, ABRIL DE 1862)

Sou, [...] há muitos séculos, um Espírito esquecido. Aí na Terra vivi no opróbrio e na miséria, trabalhando incessantemente e dia por dia para dar à família escasso pão. Amava, porém, o verdadeiro Senhor, e quando o que me oprimia na Terra sobrecarregava o fardo das minhas dores, dizia eu: "Meu Deus, dai-me a força de suportar-lhe o peso sem queixumes." Expiava, meus amigos. No entanto, ao sair da rude provação, o Senhor recebeu-me na sua santa paz e o meu mais caro voto foi reunir-vos a todos, irmãos e filhos, dizendo-vos: "Por mais cara que a julgueis, a felicidade que vos espera há de sobrelevar o preço. Filho de numerosa família, jamais tive posição e servi a quem melhor podia auxiliar-me a suportar a existência. Nascido em época de servidão cruel, provei de todas as injustiças, fadigas e dissabores que os subalternos do Senhor haviam por bem impor-me.

Mulher ultrajada, filhas raptadas e repudiadas em seguida, tudo sem poder queixar-me. Meus filhos, esses, levavam-nos às guerras de pilhagens e de crimes, para os enforcarem depois por faltas não cometidas. Ah! Se o soubésseis, pobres amigos, o que padeci na minha longa existência... Eu esperava, contudo, e o Senhor concedeu-me – essa felicidade que não existe na Terra. A todos vós, portanto, coragem, paciência e resignação. Tu, meu filho, guarda o que te dei e que é um ensinamento prático. Quem aconselha é sempre mais acatado quando pode dizer: — Suportei mais que vós, e suportei sem me queixar."

— P. Em que época vivestes?
— R. De 1400 a 1460.
— P. E tivestes depois uma outra existência?

— R. Vivi ainda entre vós como missionário... Sim, como missionário da fé, porém da fé pura, verdadeira, provinda de Deus, e não manipulada pelos homens.

— P. E como Espírito, agora, tendes ainda ocupações?

— R. Acreditaríeis então que os Espíritos ficassem inativos? A inação, a inutilidade ser-nos-ia um suplício. A minha missão é guiar centros espíritas, aos quais inspiro bons pensamentos, ao mesmo tempo que me esforço por neutralizar os maus, sugeridos por maus Espíritos.

Bernardin

Fonte: Kardec, 2013b, p. 197-198.

Caso 2:
RELATO DE UM ESPÍRITO MEDIANO
Sra. Hélène Michel

Jovem de 25 anos, falecida subitamente no lar, sem sofrimentos, sem causa previamente conhecida. Rica e um tanto frívola, a leviandade de caráter predispunha-a mais para as futilidades da vida do que para as coisas sérias. Não obstante, possuía um coração bondoso e era dócil, afetuosa e caritativa.

Evocada três dias após a morte por pessoas conhecidas, exprimia-se assim:

"Não sei onde estou... que turbação me cerca! Chamaste-me e eu vim. Não compreendo por que não estou em minha casa; lamentam a minha ausência quando presente estou, sem poder fazer-me reconhecida. Meu corpo não mais me pertence, e, no entanto, eu lhe sinto a algidez... Quero deixá-lo e mais a ele me prendo, sempre... Sou como que duas personalidades... Oh! Quando chegarei a compreender o que comigo se passa? É necessário que vá lá ainda... meu outro eu, que lhe sucederá na minha ausência? Adeus."

[...]

Evocada novamente depois de alguns dias, as suas ideias estavam já muito modificadas. Eis o que disse:

"— Obrigada por haverdes orado por mim. Reconheço a bondade de Deus, que me subtraiu aos sofrimentos e apreensões consequentes ao desligamento do meu Espírito. À minha pobre mãe será dificílimo resignar-se; entretanto, será confortada, e o que a seus olhos constitui sensível desgraça, era fatal e indispensável para que as coisas do Céu se lhe tornassem no que devem ser: tudo. Estarei ao seu lado até o fim da sua provação terrestre, ajudando-a a suportá-la.

'Não sou infeliz, porém muito tenho ainda a fazer para aproximar-me da situação dos bem-aventurados. Pedirei a Deus [que] me conceda voltar a essa Terra para reparação do tempo que aí perdi nesta última existência. A fé vos ampare, meus amigos; confiai na eficácia da prece, mormente quando partida do coração. Deus é bom.'

— P. Levastes muito tempo a reconhecer-vos?

— R. Compreendi a morte no mesmo dia que por mim orastes.

— P. Era doloroso o estado de perturbação?

— R. Não, eu não sofria, acreditava sonhar e aguardava o despertar. Minha vida não foi isenta de dores, mas todo ser encarnado nesse mundo deve sofrer. Resignando-me à vontade de Deus, a minha resignação foi por Ele levada em conta. Grata vos sou pelas preces que me auxiliaram no reconhecimento de mim mesma. Obrigada; voltarei sempre com prazer. Adeus".

Hélène

Fonte: Kardec, 2013b, p. 220-222.

Caso 3:
RELATO DE UM ESPÍRITO SOFREDOR
Pascal Lavic (Havre, 9 de agosto de 1863)

Este Espírito, sem que o médium o conhecesse em vida, mesmo de nome, comunicou-se espontaneamente.

"Creio na bondade de Deus, que, na sua misericórdia, se compadecerá do meu Espírito. Tenho sofrido muito, muito; pereci no mar. Meu Espírito, ligado ao corpo, vagou por muito tempo sobre as ondas. Deus...

(A comunicação foi interrompida, e no dia seguinte o Espírito prosseguiu.)

... houve por bem permitir que as preces dos que ficaram na Terra me tirassem do estado de perturbação e incerteza em que me achava imerso. Esperaram-me por muito tempo e puderam enfim achar meu corpo. Este repousa atualmente, ao passo que o Espírito, libertado com dificuldade, vê as faltas cometidas. Consumada a provação, Deus julga com justiça, a sua bondade estende-se aos arrependidos".

"Por muito tempo, juntos erraram o corpo e o Espírito, sendo essa a minha expiação. Segui o caminho reto, se quiserdes que Deus facilite o desprendimento de vosso Espírito. Vivei no seu amor, orai, e a morte, para tantos temerosa, vos será suavizada pelo conhecimento da vida que vos espera. Sucumbi no mar, e por muito tempo me esperaram. Não poder desligar-me do corpo era para mim uma terrível provação, eis por que necessito das preces de quem, como vós, possui a crença salvadora e pode pedir por mim ao Deus de justiça. Arrependo-me e espero ser perdoado. A 6 de agosto foi meu corpo encontrado. Eu era um pobre marinheiro e há muito tempo que morri. Orai por mim."

— P. Onde foi achado o vosso corpo?

— R. Não muito longe de vós.

Pascal Lavic

Fonte: Kardec, 2013b, p. 247.

As comunicações anteriores, trazidas para ilustrar o que explicamos sobre os reflexos das nossas ações, tanto na existência corporal quanto no futuro espiritual, foram ditadas pelos espíritos no século XIX. Portanto, já se passou mais de um século desde que o espiritismo se consolidou como doutrina religiosa com tríplice aspecto (filosófico, científico e religioso). As comunicações mais recentes continuam a nos ensinar sobre o mesmo tema, como demonstraremos a seguir.

Você poderá conferir a seguir mensagens transcritas no pequeno livro *Amor e verdade*, psicografado por Chico Xavier (1910-2002). Elas revelam a realidade espiritual de alguns espíritos que vieram dar provas da continuidade da vida após a morte, confirmando sua identidade com detalhes conhecidos apenas por aqueles a quem foram dirigidas as cartas.

MENSAGEM SOBRE O DESPERTAR NO ALÉM-TÚMULO

Por fim, desci as escadarias simbólicas do sono profundo e perdi-me na inconsciência.

Papai Wilson e querida Mãezinha, foi muito grande a minha surpresa quando despertei junto de duas senhoras que interpretei como enfermeiras da casa de saúde e socorro em que, decerto, me haviam internado.

Mais algum tempo e vim a saber toda a verdade, com o choro de um menino grande a me tomar as palavras que em vão procurava dizer.

A senhora que me tratava carinhosamente me solicitou com bondade chamá-la por vovó Maria Cargnelutti e a outra se declarou amiga da família a cooperar no reajuste de minhas forças, afirmando chamar-se igualmente Assumpta.

Os dias correram sobre os dias quando chegou o momento em que vi a querida vovó Iracema diante de mim.

Uma alegria inexplicável me nasceu do íntimo e transferi-me da tristeza para a esperança.

Papai Wilson, acredito que o seu carinho possa imaginar a emoção renovadora que me dominou por inteiro, diante da Vó Iracema que me falava da Bondade de Deus, afirmando-me que o senhor e minha mãe ficariam reconfortados com a minha aceitação, sem ressentimento, de quanto me acontecera.

Minhas ideias se renovaram e aqui estou...

Nossa família está aqui numa linda parcela de fé em nosso futuro e rogo-lhes confiança e alegria...

Mãezinha Assumpta e querido Papai Wilson, agradeçam aos amigos que os acompanham por mim e recebam muitos beijos do filho que, nesta hora, volta a ser criança para lhes entregar o coração.

Muito amor e muita saudade do filho reconhecido de sempre.

Adilson Cargnelutti

Fonte: Xavier, 2001, p. 56-60.

MENSAGEM SOBRE O DESLIGAMENTO DO RECÉM-LIBERTO DO CORPO E SUA DESPEDIDA DOS FAMILIARES

Acácia, minha querida Acácia, Jesus nos abençoe.

Querida Célia Maria e querido André Luiz. Deus nos abençoe e nos proteja.

Estou assim, à maneira de convalescente, quase inseguro, depois de tratamento longo.

Venho até aqui com a mãezinha Pia e outros amigos espirituais que são hoje, aos meus olhos, o prolongamento de nossa própria família.

Muitas vezes imaginei que saberia facear os problemas espirituais após a desencarnação, com serenidade absoluta. Temperamento reservado, qual vocês sabem, os meus pensamentos a esse respeito nasciam e desapareciam em mim mesmo.

As primeiras horas, os amigos, as trocas de ideias e depois... foi a verdadeira desencarnação.

Estive em casa até os momentos últimos, em que comecei a divisar a presença da vovó Maria, da mãezinha Pia, de nosso Maciel.

Era preciso partir, e eu não pudera anestesiar-me com o sono repousante dos que são liberados do corpo físico agoniado e doente...

Foi a nossa Pia a lembrar-me que deveria seguir com eles, os nossos afetos do coração.

Não hesitei.

Era noite alta...

Aproximei-me de você e percebi que a força de sua fé lhe controlava os sentimentos, mas, ao despedir-me da nossa querida Célia, o pranto da separação se me desaguou do peito, a cair através dos olhos que não mais conseguia governar.

Depois, foi a despedida de nosso André e de Lourdinha com os filhos e a despedida da Estela e de nosso Ararê com as crianças.

Quem disse que era um homem resistente a qualquer tipo de emoção?

Pedi aos amigos para voltar ao nosso recanto Dois de Julho, e tornei a abraçá-la, notando que, embora sonhando, você também tinha lágrimas e voltei ao quarto de Célia para repetir a mesma cena de pranto que me lavava todo o espírito.

Celso Cassanha

Fonte: Xavier, 2001, p. 7-10

O que acabamos de apresentar são situações bem diversas, que dispensam comentários, relatadas com o objetivo de mostrar o que acontece após a morte do corpo físico, bem como de provar a responsabilidade pessoal diante de diferentes situações de vida. Cada um é o autor do próprio destino e, quanto mais consciência tiver dessa realidade, mais responsável se torna pelas consequências das decisões tomadas durante a vida.

Nas lides espíritas, muitas são as recomendações dos guias e mentores espirituais para que seus seguidores se dediquem à

reforma íntima, ou seja, procurem conhecer seus pontos fracos para diminuir sua incidência e fortalecer suas qualidades morais de forma a melhorar a cada dia. Essa é considerada uma tarefa muito importante e exclusivamente pessoal. Como não há sacerdotes ou pastores, cada indivíduo é responsável por estabelecer a própria rota de melhoria; afinal, um dos objetivos da vida terrena, talvez o maior deles, é o autoburilamento.

Síntese

Neste capítulo, analisamos como o uso do nosso livre-arbítrio na vida terrena gera consequências na vida futura. Nesse sentido, apresentamos:
- as possibilidades de penas e gozos terrestres se transformarem em felicidade ou infelicidade relativas após o término da encarnação;
- a influência das ações humanas no futuro espiritual de cada um;
- as questões que, muitas vezes, levam ao suicídio, criando situações pertubadoras para o espírito;
- o sofrimento dos espíritos inferiores que se comprazem no mal e a felicidade dos justos na vida futura;
- as penas e recompensas proporcionais ao esforço do espírito (lei de causa e efeito);
- a perda dos entes queridos e a possibilidade de contatá-los, sem o temor da morte;
- a diversidade dos mundos, que podem ser classificados como paraíso, inferno e purgatório – alegorias para melhor compreensão do estado interior do espírito;
- por que os espíritas não temem a morte e a compreendem como troca de moradia;
- a doutrina das penas eternas;
- a duração das penas futuras e o programa de reparação;

- a diferença entre prova, expiação e missões espirituais;
- depoimentos sobre a situação de espíritos felizes, medianos e sofredores – registrados por Kardec há quase 200 anos;
- a confirmação da identidade de espíritos no Brasil por meio das cartas psicografadas por Chico Xavier – todas confirmando a realidade de além-túmulo.

Indicações culturais

AS CARTAS psicografadas por Chico Xavier. Direção: Cristiana Grumbach, Brasil: Ciclorama filmes, 2010. 85 min. [Extras: depoimentos inéditos – 57 min.]

Trata-se de depoimentos de pessoas que procuraram o médium mineiro em busca de consolo pela perda de entes queridos. O documentário apresenta o resultado de uma pesquisa de 20 anos, realizada pelo jornalista Paulo Rossi Severino, que, a convite da Associação Médica de São Paulo, entrevistou as famílias para publicar os casos em um jornal da região. Foram utilizados formulários-padrão, organizados por duas médicas, para determinar a veracidade das cartas. Houve 100% de acerto nos fomulários, o que comprovou a identidade dos espíritos.

Atividades de autoavaliação

1. Analise as afirmações a seguir e marque V para a(s) verdadeira(s) e F para a(s) falsa(s).

    [ ] Embora tenha inúmeras experiências em múltiplas existências, ao final de cada encarnação o espírito se liberta do corpo físico e vai para a erraticidade; do "outro lado", receberá o justo prêmio se tiver agido com retidão.

    [ ] O lugar para onde o espírito vai depende da forma como viveu e dos sentimentos que desenvolveu durante a estadia na Terra. Ser bom e agir corretamente é a melhor forma para progredir espiritualmente.

[ ] Nada acontece por acaso ou por benesse divina; é o Ser que, usando o livre-arbítrio, define o próprio destino, pois tudo que se faz no presente terá reflexos na vida futura.

[ ] O espírita sabe que as penas e gozos terrestres (felicidades e infelicidades) são relativos, que não abandonará seus entes queridos após o desencarne e que poderá manter contato com eles.

Agora, assinale a alternativa que apresenta a sequência correta:

A] V, V, F, F.
B] V, F, V, F.
C] V, V, F, V.
D] V, V, V, V.
E] V, F, V, V.

2. Que crime agrava os compromissos do espírito perante as leis divinas e traz como consequências muito sofrimento e desilusão, o distanciamento dos entes amados e o agravamento dos problemas?

A] suicídio.
B] egoísmo.
C] agressão.
D] orgulho.
E] libertinagem.

3. Leia atentamente o texto extraído do livro *Reencontro com a vida*, ditado pelo espírito Manoel Philomeno de Miranda e psicografado por Divaldo Pereira Franco:

> Nas regiões de angústia e de dor, de reparação e de arrependimento, as densas vibrações dos seus habitantes desencarnados **reconstroem** os antigos lares e experienciam as organizações sociais e políticas que são compatíveis com a necessidade do progresso ou de recomeço através dos sofrimentos.

Pululam, desse modo, no orbe terrestre e à sua volta cidades e conglomerados com instituições e hábitos humanos, às vezes, tão semelhantes que um observador, menos atento, suporia encontrar-se na Terra, em agregados infelizes ou sítios pestilenciais onde a miséria moral e o descalabro fazem morada. (Franco, 2006, p. 104, grifo do original)

Mediante essas informações, avalie as afirmações a seguir quanto ao lugar para onde vai o espírito depois da morte.

I. Céu, inferno e purgatório não são lugares fixos no Universo, mas estados da alma. Neles, espíritos do mesmo padrão vibratório se juntam e formam locais de convivência, por afinidade, e se congregam em falanges do bem ou turbas do mal.

II. Os agregados infelizes ou sítios pestilenciais, onde a miséria moral e o descalabro fazem morada, correspondem à visão de inferno de algumas religiões.

III. Para o espiritismo, céu e inferno são locais onde ficam os bons e os maus espíritos, respectivamente, de acordo com a vida que tiveram na Terra, sem possibilidade de se misturarem.

IV. Os espíritos se deslocam de acordo com suas condições de adiantamento espiritual e podem sentir-se no purgatório ou no inferno durante muito tempo, de acordo com seu conhecimento e com a aceitação da realidade que estão vivendo.

Agora, assinale a alternativa correta:

A] Apenas as afirmações I e IV estão incorretas.
B] Apenas as afirmações I e III estão corretas.
C] Apenas a afirmação III está incorreta.
D] Apenas as afirmações III e IV estão corretas.
E] Apenas a afirmação I está incorreta.

4. Analise a seguir alguns princípios sobre as penas futuras:
   I. O sofrimento na vida espiritual é consequência das imperfeições na vida corporal e tem por finalidade sua correção. Nesse sentido, a expiação está diretamente ligada à gravidade dos atos cometidos, que devem ser resgatados em tempo variável, de acordo com o empenho do culpado para melhorar.
   II. O futuro do espírito está condicionado aos méritos que ele conquistar por esforço próprio, a fim de corrigir suas faltas – débitos a serem resgatados em uma ou mais existências.
   III. O arrependimento é essencial e pode ocorrer a qualquer momento, embora não libere o espírito da expiação e da reparação; afinal, os três "são condições necessárias para apagar os traços de uma falta e suas consequências" (Kardec, 2013b, p. 85).
   IV. Na perspectiva da justiça divina, não existem privilégios ou privilegiados; cada ser possui livre-arbítrio para agir no bem ou no mal e responde pelos seus atos, devendo resgatá-los mais cedo ou mais tarde.

   Agora, assinale a alternativa a seguir que indica os princípios que se referem à mesma ideia:
   A] I e II.
   B] I, II e III.
   C] II e IV.
   D] I, II e IV.
   E] I, III e IV.

5. Em que consiste a felicidade dos bons espíritos? Assinale a alternativa correta.
   A] Em não sentir ódio ou qualidades inferiores porque já as superaram.
   B] Em se reabilitar em um tempo compatível com o erro cometido.

c) Em estar livre das dificuldades terrenas, em descanso permanente.
d) Em se aceitar como ser imperfeito e falível, a fim de se iniciar a marcha do progresso espiritual que os levará a gozar da verdadeira felicidade.
e) Em apenas se arrepender para obter a plena absolvição.

Atividades de aprendizagem

Questões para reflexão

1. Por que os espíritas não temem a morte?
2. Explique o conceito de *progressão espiritual* e esclareça sua função dentro do espiritismo.

Atividades aplicadas: prática

1. Quem é você? Pegue uma folha de papel, dobre-a ao meio no sentido vertical e anote na coluna da esquerda todas as suas qualidades; e, na coluna da direita, todos os defeitos. Em seguida, analise qual das duas colunas é maior e o que você precisar diminuir ou aumentar. Trata-se de um bom exercício de autoconhecimento para aprimorar as relações com os companheiros de vida e consigo mesmo, a fim de se promover a reforma íntima tão cara para os espíritas.
2. O que é fé para você? Qual é o seu conceito de fé? De onde você o tirou? Qual é a sua fé religiosa? Quem o orientou sobre ela? Anote suas respostas e, passado algum tempo, volte ao que escreveu para refletir sobre sua crença.
3. Como está sua vida espiritual hoje? Qual é a importância da religiosidade no seu dia a dia? Exponha suas ideias por meio de um texto.

O MOVIMENTO ESPÍRITA NO BRASIL E OS AVANÇOS NAS PESQUISAS CIENTÍFICAS

O espiritismo teve início na França, onde Allan Kardec codificou as instruções dos espíritos em cinco livros, os quais compõem seu corpo doutrinário. Nossa escolha metodológica foi a fidelidade aos textos originais de Kardec, embora depois dele tenham sido muitas as contribuições de outros autores.

Nestes mais de 160 anos, o espiritismo se expandiu bastante pelo mundo e no Brasil, que, atualmente, é a nação onde mais adeptos se congregam. Para apresentar a introdução dessa doutrina no Brasil, reunimos informações de fontes variadas, procurando demonstrar que o movimento espírita brasileiro tem como características:

- o profícuo trabalho dos militantes na formação da consciência espírita, produzindo e divulgando estudos doutrinários para aprofundar os assuntos recebidos de Kardec nos aspectos experimental, científico e filosófico (espiritização);
- o dinamismo para acompanhar as mudanças sociais, programando-se as ações dentro dos parâmetros legais e administrativos desses novos tempos e qualificando os trabalhadores da seara espírita (organização); e
- o aprimoramento da presença pacífica, fraterna e voluntária em ações de benemerência aos desvalidos, cumprindo-se o preceito principal da moral cristã: a verdadeira caridade (humanização).

Assim, neste último capítulo, analisaremos o movimento espírita no Brasil e também trataremos dos avanços nas pesquisas científicas sobre o espiritismo, que comprovam muitos de seus postulados e, em alguns casos, atualizam e ampliam seus conceitos.

6.1 A Federação Espírita Brasileira (FEB) e a organização do movimento espírita

O movimento espírita teve início no Brasil com a vinda das primeiras traduções de *O Livro dos Espíritos*, trazidas por brasileiros que dele tomaram conhecimento em viagens à Europa – alguns o traziam com a finalidade de estudá-lo; outros, para lazer. Inicialmente, eram realizadas reuniões nas casas dos interessados para se discutir o assunto, as quais eram acompanhadas de sessões práticas, a exemplo do que acontecia na França.

> **Preste atenção!**
>
> Para congregar estudiosos, interessados e praticantes das ideias espíritas, inicialmente organizados em pequenos grupos de familiares e de amigos que promoviam reuniões nas próprias residências, Allan Kardec fundou a Sociedade Parisiense de Estudos Espíritas (SPEE) em 1º de abril de 1858.
>
> Foi preciso uma autorização policial, como era o trâmite legal da época, para iniciar oficialmente as atividades. Seus integrantes estavam todos vinculados ao grupo de Kardec, e novos membros só eram admitidos com sua autorização, a fim de se evitar a entrada dos que eram movidos apenas por curiosidade. Seu mentor espiritual era S. Luís, que fora o Rei Luiz XV da França.
>
> A Sociedade Parisiense de Estudos Espíritas (SPEE) tinha por objeto "o estudo de todos os fenômenos relativos às manifestações

espíritas e suas aplicações às ciências morais, físicas, históricas e psicológicas". Na verdade, seus estudos eram mais de caráter teórico ou filosófico que experimental. Quando havia experiências, estas jamais visavam a excitar a curiosidade, objetivando apenas a observação, o estudo e a confirmação dos princípios admitidos. (Wantuil; Thiesen, 2004b, p. 205)

A SPEE, mantida com a contribuição dos associados e de doações, funcionou no primeiro endereço por um ano, mudando-se em seguida para uma sede maior, e, em 1860, para um local ainda mais espaçoso e confortável, em razão do crescimento no número de participantes. Nela Kardec trabalhava todos os dias, incansavelmente, e a presidiu até o final dos seus dias. A Sociedade tinha uma organização rigorosa, regida por um minucioso estatuto, e serviu de modelo para outras instituições semelhantes na Alemanha, na Áustria, na Bélgica, na Espanha, na Itália, no México e, posteriormente, no Brasil.

No Brasil, o caminho foi semelhante ao francês, visto que foi precedido pelas experiências com o magnetismo, praticado por médicos homeopatas – como João Vicente Martins (1808-1854), José Bonifácio de Andrada e Silva (1763-1838) e os médicos franceses radicados no Rio de Janeiro (refugiados do regime napoleônico). Esse foi o despertar do interesse pelo uso do fluido vital, tal como acontecera na Europa.

Alguns brasileiros tiveram notícias das mesas girantes e da doutrina nascente em razão das correspondências trocadas com amigos franceses e das viagens, muito comuns aos estudiosos da época. Citamos como exemplo Rui Barbosa (1849-1923), que criou um grupo de adeptos e simpatizantes e, em 1857, realizou sessões na própria casa. Nascia, assim, a curiosidade sobre as manifestações dos espíritos.

Geralmente, eram formados grupos familiares que se dedicavam ao estudo do assunto e à sua experimentação. Isso ocorria no Rio de Janeiro, na Bahia e em São Paulo. Os registros históricos indicam que Kardec, em sua revista, divulgou a criação de um grupo no Brasil, cuja primeira sessão foi realizada em 17 de setembro de 1865.

O verdadeiro início, no entanto, ocorreu com a tradução de *O espiritismo em sua mais simples expressão* (pequeno livro de Allan Kardec) pelo fundador e reitor do Colégio Francês, no Rio de Janeiro. Depois vieram as traduções de *O Livro dos Espíritos* e de artigos publicados na *Revista Espírita* de Paris. Foram tempos difíceis, marcados por perseguições e confrontos (especialmente por parte da Igreja Católica), chegando até mesmo a situações de intervenção policial.

O autor Washington Fernandes (2011, p. 10, 13, grifo do original), no belíssimo livro ilustrado *A História Viva do espiritismo*, relata:

> A fundação de núcleos (Centros Espíritas) em diferentes lugares nunca cessou, principalmente no Brasil ela teve seu desenvolvimento mais acentuado a partir de 1873, quando começaram a surgir traduções integrais das obras de Allan Kardec, destacando-se por isso o trabalho de Joaquim Carlos Travassos (1839-1913), **o Fortúnio,** a quem fiz questão de incluir nesta obra pois teve papel fundamental indireto para a criação praticamente de todos os núcleos espíritas centenários do Brasil. [...] Mas no Brasil ele progrediu plenamente e em 2008 chegou à admirável marca de mais de doze mil Centros Espíritas espalhados em todo o país, e até com várias associações profissionais espíritas (médicos, advogados, magistrados, delegados de polícia, psicólogos e educadores) em todo o território nacional.
>
> [...]
>
> No Brasil, o mais antigo em funcionamento é o Centro Espírita João Evangelista, de Sete Barras/SP, fundado em junho de 1880.

A Federação Espírita Brasileira (FEB) foi fundada em 1º de janeiro de 1884, no Rio de Janeiro, tendo como sede a residência do fotógrafo português e estudioso do espiritismo Augusto Elias da Silva (1848-1903), que havia criado, em 1883, a revista *O Reformador*. A decisão de criar a FEB foi tomada em 27 de dezembro de 1883, em reunião realizada por colaboradores da revista (todos espíritas) que resolveram formar uma sociedade com o objetivo de divulgar a doutrina espírita. Escolheram para presidente Francisco Raymundo Ewerton Quadros. Do seu estatuto extraímos:

> 1. A Federação Espírita Brasileira (FEB), fundada a 2 de janeiro de 1884, é uma sociedade civil, religiosa, educacional, cultural e filantrópica, que tem por objeto e fins:
>
> I – O estudo, a prática e a difusão do Espiritismo em todos os seus aspectos, com base nas obras da Codificação Allan Kardec e no Evangelho de Jesus;
>
> II – A prática da caridade espiritual, moral e material por todos os meios ao seu alcance, dentro dos princípios da Doutrina Espírita;
>
> III – A união solidária das sociedades espíritas do Brasil e a unificação do movimento espírita brasileiro, bem como o seu relacionamento com o movimento espírita internacional. (FEB, 2012)

Tanto a redação da revista como a sede da FEB ficaram instaladas na casa de Augusto até 1886, quando este, que era militar, foi transferido para Goiás, passando a presidência para Adolfo Bezerra de Menezes (1831-1900). A atuação desse ilustre médico foi muito significativa para a expansão do espiritismo religioso, marcada pelas ações de assistência aos necessitados e pela implantação do estudo sistematizado da doutrina espírita. Foi um período de grande expansão, embora seus adeptos sofressem muitas perseguições.

O médico dos pobres, como era chamado, foi um exemplo de dedicação, tanto como profissional quanto como trabalhador espírita, mesmo quando o Código Penal brasileiro, promulgado em 1890, proibiu a prática do espiritismo, com a previsão de pesada multa e pena de um a seis meses de prisão para aqueles que o professassem. Porém, ele não mediu esforços, chegando a solicitar ajuda ao Imperador Dom Pedro II para solucionar a situação, pois a FEB foi fechada por ordem policial.

Em agosto de 1895, Bezerra de Menezes voltou à presidência da FEB, que havia deixado no ano anterior, e dedicou-se às lides espíritas até seu desencarne, em 1900. Organizou a Livraria da Federação Espírita, em 1897, responsável pela distribuição da revista *O Reformador* – que ainda existe. A FEB, desde aquela época, publica inúmeras obras, algumas de autores encarnados e outras recebidas pela psicografia de médiuns espalhados por todo o Brasil. A primeira obra mediúnica de grande sucesso foi *Parnaso de Além-Túmulo*, do Espírito Emmanuel, psicografada por Chico Xavier (1910-2002), em 1932.

IMPORTANTE!
O movimento espírita se consolidou no Brasil e atingiu muitos adeptos, entre os quais podemos citar Rui Barbosa, Coelho Neto, Artur Lins de Vasconcelos Lopes, Leopoldo Machado e Monteiro Lobato.

A FEB passou por alguns percalços até se estabelecer como a casa-máter do espiritismo no Brasil. Um deles foi em 1937, quando foi fechada pela polícia, mas reabriu três dias depois. A partir de 1940, ela passou a funcionar com mais tranquilidade, quando o novo Código Penal descriminalizou a prática do espiritismo. Também a Constituição Brasileira de 1946 trouxe a liberdade de crença, possibilitando a consolidação e a expansão do movimento espírita organizado.

Na FEB foi firmado o "Pacto Áureo", em 5 de outubro de 1949, para que as instituições espíritas brasileiras se unificassem sob sua coordenação. Em seguida, no dia 2 de janeiro de 1950, foi instituído o Conselho Federativo Nacional (CFN) da FEB, do qual passaram a fazer parte todas as Federações Espíritas Estaduais filiadas, que são autônomas e visam apoiar com mais presteza as instituições espíritas de cada estado. Um marco importante foi o II Congresso Pan-Americano de Espiritismo, realizado no Rio de Janeiro em 1949.

A partir da década de 1960, começaram a surgir sociedades de profissionais espíritas, como a Associação Médico-Espírita de São Paulo, em 1968, que serviu de modelo para outros estados. Hoje são muitas: advogados, militares, magistrados, psicólogos, educadores etc.

Em 3 de outubro de 1967, a sede da FEB foi transferida para a nova capital, Brasília, de onde passou a congregar seus inúmeros associados e a cumprir a função de difundir orientações com vistas a manter a unidade e a coesão que o espiritismo exige. Podemos citar como exemplos a "Orientação aos Centros Espíritas", expedida em 1980, e o "Manual de Administração dos Centros Espíritas", de 1984. Em 1996, a FEB iniciou a fase de divulgação das ações espíritas pela Internet, traduzidas em inglês, francês e espanhol, usando a tecnologia como instrumento para orientação e construção de uma rede de informações.

6.1.1 A organização do movimento espírita brasileiro

Referimo-nos anteriormente aos núcleos espíritas, células que abrigam seus adeptos. Eles podem ser chamados de *centro espírita*, *casa espírita*, *associação* ou *sociedade*. O nome mais comum é *centro espírita*, e embora sua filiação à FEB não seja obrigatória, esta tem um trabalho muito consistente de apoio na organização dos serviços prestados pelas instituições espíritas. Algumas condições devem ser cumpridas para a filiação à FEB:

- compromisso com os princípios da Codificação Kardequiana;
- não utilização de símbolos, imagens, paramentos e rituais;
- não existência de sacerdote ou pastor investido de função remunerada;
- liderança a partir de eleição entre os pares – diretoria;
- diretoria com mandato temporário para renovação periódica;
- trabalho voluntário dos colaboradores;
- prestação de apoio fraterno e espiritual gratuitamente;
- atividades de estudo, esclarecimento, assistência moral e material;
- divulgação, encontros e palestras de cunho religioso, filosófico e científico;
- cumprimento do princípio "Fora da caridade não há salvação".

A organização dos centros espíritas tem sido objeto de estudos e ponderações, resultando em muitas orientações para que se tornem mais eficazes no cumprimento de sua missão. Na palestra realizada pelo médium e orador baiano Divaldo Pereira Franco (1927-), em 8 de maio de 1998, na sede da Casa de Oração Bezerra de Menezes, assim se referiu ao trabalho na seara espírita:

> Jesus, com sua visão cósmica e transcendente, estabeleceu que os Seus discípulos deviam ser unidos como um feixe de varas. Porque é muito fácil arrebentar-se uma vara ou duas; com um pouco de esforço, três ou cinco; mas é quase impossível quebrar com as mãos um feixe de varas, que constitui um bloco resistente, uma força de várias partes na conjuntura de uma unidade.

Allan Kardec, dando prosseguimento ao pensamento de Jesus, e fazendo uma panorâmica da futura divulgação da doutrina espírita, estabeleceu que o maior adversário da propagação do espiritismo seria a dissensão, a desunião, convocando-nos para a preservação da tríade que ele estabeleceu como normativa de dignificação do movimento espírita: Trabalho, Solidariedade e Tolerância. (Franco, 2012, p. 6)

Essas são as diretrizes vigentes para a organização do trabalho, mas Divaldo propõe irmos além, apresentando uma nova tríade, indicada por sua mentora espiritual Joanna de Ângelis, conforme ilustra a Figura 6.1.

FIGURA 6.1 – Proposta de trabalho no centro espírita

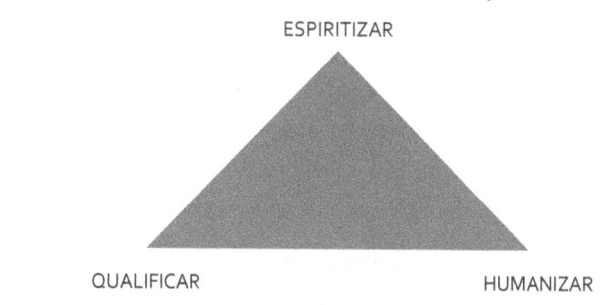

```
              ESPIRITIZAR
                 /\
                /  \
               /    \
              /      \
             /        \
            /          \
           /_____\
       QUALIFICAR    HUMANIZAR
```

Espiritizar significa para o trabalhador engajar-se nas lides da casa espírita, esforçando-se para instruir-se, conhecer a doutrina e aplicar seus preceitos éticos e morais a si mesmo; ao mesmo tempo, ele deve contribuir para as ações em benefício do próximo, sem esperar pela própria perfeição. Embora sejam importantes o autoconhecimento e o conhecimento doutrinário, para sermos espíritas também precisamos assumir os compromissos que a doutrina impõe. Não faz sentido sermos "meio espíritas", sempre na cômoda condição de "neófitos", em busca apenas dos bônus do passe, do apoio nas dificuldades e das energias benfazejas que os bons espíritos trazem para o ambiente. Envolvimento verdadeiro e responsabilidade são necessários para que sejam cumpridos seus princípios e as atividades de amor ao próximo. Em qualquer religião a que nos filiemos é assim. Por que com o espiritismo seria diferente?

Com relação a esse ponto, Franco (2012, p. 16) explica o seguinte:

> Joanna de Ângelis propõe nesse triângulo, no qual o vértice superior se abre em um ângulo para o Infinito, a espiritização, graças à qual deveremos adquirir a consciência espírita, não nos permitindo aquilo que a doutrina não nos recomenda, e, se por acaso, nos equivocarmos, reabilitemo-nos, para não reincidirmos na mesma falha moral. (Franco, 2012, p. 16)

Qualificar é adquirir a consciência espírita, ou seja, alcançar o conhecimento doutrinário e aplicá-lo na vida diária desde pequenas ações do cotidiano pessoal, familiar e profissional, pois sem a prática ele se torna letra morta, apenas um verniz de cultura espírita. Precisamos compreender a teoria espírita para utilizá-la como código de conduta; não é suficiente a boa vontade. Sobre isso, Franco (2012, p. 18) cita um exemplo recebido dos espíritos:

> Goethe, o célebre poeta alemão, escrevera que nada pior do que pessoas de boa vontade sem conhecimentos. Atrapalham muito mais do que ajudam.
>
> Os senhores já imaginaram uma porção de pessoas de boa vontade na cozinha sem saber cozinhar?! Cada uma dando um palpite...

E embora o autor confirme o valor da boa vontade, ele explica que ela sempre deve estar acompanhada do saber e da competência para a tarefa, ou seja, da qualificação.

Humanizar, o terceiro vértice do triângulo que sustenta o trabalho nas casas espíritas, representa a necessidade de o trabalhador colocar-se no lugar do outro, sendo tolerante e aceitando-o como se apresenta, sem a pretensão de torná-lo aquilo que consideramos melhor:

> se a pessoa se espiritiza, conscientiza-se da doutrina, qualifica-se, mas não tem sentimento de humanidade, que é a **caridade** iluminando o humanitarismo e o humanismo; se não tem esse ideal de ajudar, de oferecer-se, de despersonalizar-se, no sentido de se libertar do ego dominador para poder dedicar-se, torna-se apenas uma parte do triângulo. Seria qual uma mesa trípode com um pé quebrado. Para que haja harmonia é necessário que essa espiritização seja qualificada e humanizada. (Franco, 2012, p. 21, grifo nosso)

Com essa síntese – uma consistente recomendação para todas as instituições –, foi possível traçar em linhas gerais a importância e o comprometimento tanto dos dirigentes quanto dos colaboradores ou trabalhadores no espiritismo.

Em relação aos adeptos, desde os tempos de Kardec, há referência a "três graus de adeptos: 1º os que creem nas manifestações e se limitam a comprová-las; para esses, o espiritismo é uma ciência experimental; 2º os que lhe percebem as consequências morais; 3º os que praticam ou se esforçam para praticar essa moral" (Kardec, 2013b, p. 469). Todos são acolhidos no meio espírita, mas, segundo a máxima cristã, se "os últimos serão os primeiros", a humanidade será melhor quando os adeptos do último grau forem a maioria, isto é, quando houver a conscientização sobre a importância da fraternidade e da solidariedade.

Não há como deixar de refletir sobre o papel individual, tanto quanto o coletivo, na construção de uma nova sociedade, mais justa e solidária. Essa é a missão dos verdadeiros espíritas, que insistem em trabalhar por um mundo melhor, divulgando sua crença e suas ações.

6.1.2 Os grupos de trabalho no centro espírita

Nas orientações para as atividades em centros espíritas, não há determinações fixas sobre como deve ser a organização dos grupos. Algumas condições já apresentamos no item anterior. São considerados muito importantes os trabalhos coletivos, como a soma de esforços pessoais para acolher, esclarecer e orientar todos os que procuram a casa espírita. Porém, registramos a seguir as que são mais comuns, até mesmo como recomendação da FEB:

- Palestras públicas sobre temas ligados à doutrina espírita;
- Passes – transmissão de bioenergia física e espiritual;
- Evangelização da infância e da juventude;
- Grupos de estudo das obras básicas do espiritismo e de novas publicações;
- Grupos mediúnicos;
- Assistência aos necessitados;
- Divulgação pela imprensa escrita, falada e virtual;
- Eventos: encontros, seminários, debates, congressos, conferências e outros.

O mestre Kardec (2016a, p. 12) assim explica, em mensagem destinada aos brasileiros, psicografada pelo médium Frederico Júnior, em 1888, e inserida no prefácio do pequeno livro *A prece*:

> Corridos os séculos, desenvolvido intelectualmente o espírito humano, Deus, na sua sabedoria, achou que era chegado o momento de convidar os homens à meditação do Evangelho – precioso livro de verdades divinas – até então ensombrado pela letra, devido à deficiência da percepção humana para compreendê-lo em espírito.
>
> Por toda parte se fez luz; revelou-se à Humanidade o Consolador prometido, recebendo os povos – de acordo com o seu preparo moral e intelectual – missões importantes, tendentes a acelerar a marcha triunfante da Boa-Nova!

6.2 A religião espírita no cumprimento do lema "Fora da caridade não há salvação"

Os princípios da moral espírita estão diretamente associados às ações sociais desenvolvidas, voluntariamente, pelos núcleos espíritas, segundo a determinação máxima dos preceitos cristãos. Seu código de conduta se pauta pelas propostas de Jesus contidas no Evangelho, que definem as características do homem de bem, como já tivemos a oportunidade de demonstrar.

Podemos observar que em todas as situações da convivência humana a caridade é a melhor diretriz. Segundo o apóstolo Paulo,

> Quando mesmo eu tivesse a linguagem dos anjos; quando tivesse o dom de profecia, que penetrasse todos os mistérios; quando tivesse toda a fé possível, até o ponto de transportar montanhas, se não tiver caridade, nada sou. [...] Dentre estas três virtudes: a fé, a esperança e a caridade, a mais excelente é a caridade. (1 Coríntios, 13,1-2,13, citado por Kardec, 2013c, p. 211)

O lema do espiritismo, como já mencionamos, é "Fora da caridade não há salvação". Esse é o compromisso moral dos espíritas, daí o envolvimento deles com o serviço voluntário. Não existe núcleo de espíritas sem o serviço voluntário em diferentes áreas de vulnerabilidade social.

Quem é adepto do espiritismo ou apenas acompanha o movimento espírita pode constatar o grande número de ações sociais relevantes ligadas à sua causa. A seguir citamos apenas três, que desenvolvem propostas diferentes e que vale a pena conhecer.[1]

---

1 Fizemos um brevíssimo resumo das informações contidas no *site* de cada instituição, esperando motivá-lo a conhecer os detalhes. Os *links* estão disponíveis nas indicações culturais deste capítulo.

Mansão do Caminho (Salvador/BA)

Foi fundada por Divaldo Pereira Franco e Nilson de Souza Pereira em 15 de agosto de 1952, no bairro de Pau de Lima, em uma "área de 78.000 metros quadrados", rodeada "pela mata nativa e pelo colorido festivo dos seus jardins" (Mansão do Caminho, 2019a). Seu propósito foi, desde o início, atender à comunidade carente do bairro, à luz dos princípios espíritas. Com o passar dos anos, a instituição se consolidou, tornando-se referência tanto no Brasil como no exterior. Atualmente, oferece os seguintes serviços:

- **Saúde**: policlínica – atendimento ambulatorial a alunos, funcionários e comunidade; laboratório; Casa de Parto Natural.
- **Educação**: Creche A Manjedoura para crianças de 2 meses a 3 anos (150 crianças); Jardim de Infância Esperança (84 alunos de 3 anos); Escola Alvorada Nova (150 alunos da Educação Infantil); Escola de 1º Grau Jesus Cristo (1.012 alunos – convênio estadual); Escola Allan Kardec (374 alunos – convênio municipal); Centro de Artes e Educação Integral (adolescentes de 12 a 16 anos); curso básico de Informática e de Manutenção de Computadores.
- **Ação social**: Caravana Auta de Souza, que dá assistência a idosos e pessoas inválidas. É o projeto mais antigo, iniciado em 1948; e Grupo Lygia Banhos de "ajuda a diversos segmentos carentes da comunidade através de visitas domiciliares, distribuição de cestas básicas etc." (Mansão do Caminho, 2019b).
- **Gráfica**: Livraria Espírita Alvorada Editora, que produz livros, a revista *Presença Espírita*, gravação de áudios, vídeos, CDs, DVDs. Já publicou mais de 200 títulos psicografados por Divaldo Pereira Franco, traduzidos em vários idiomas, totalizando perto de 7,5 milhões de exemplares. Seu primeiro livro foi *Messe de*

Amor, ditado pelo Espírito Joanna de Ângelis, sua mentora espiritual, em 1964. Os direitos autorais de todas as suas obras foram integralmente doados para manutenção dos serviços de benemerência da própria Mansão do Caminho e, no caso de alguns títulos, para outras instituições congêneres, como a FEB, a editora O Clarim (Matão/SP) e a Comunhão Espírita Cristã (Curitiba/PR).

CASAS ANDRÉ LUIZ (SÃO PAULO/SP)

Instituição filantrópica para atendimento a pessoas com deficiência intelectual, associada ou não à deficiência física. É composta por quatro unidades, fundadas em 1962, 1964, 1968 e 1974. Atende dois mil pacientes, dos quais 600 vivem na Unidade de Longa Permanência (ULP) e 1.400 são assistidos em regime ambulatorial.

No *site* da instituição encontramos:

> Na ULP os pacientes necessitam de cuidados por toda a vida, 80% deles são casos graves, e mais de 50% são acamados e/ou cadeirantes, já no Ambulatório são realizados aproximadamente 1.400 atendimentos por mês a pacientes da comunidade, de forma que podem recebê-lo com qualidade e continuar partilhando do convívio familiar e social.
>
> Ao paciente interno é fornecido todo atendimento médico especializado para cada particularidade, dividido em 16 Especialidades Médicas, terapias de Fonoaudiologia, Psicologia, Fisioterapia Neuromotora e Cardiorrespiratória, e [...] atividades interdisciplinares de Educação Física e Terapia Ocupacional, que geram qualidade de vida ao paciente, missão essa estabelecida pela Instituição, além de medicação, vestimenta e alimentação. As Casas André Luiz são referência no atendimento à pessoa com deficiência intelectual dentro do Estado de São Paulo. (Casas André Luiz, 2019)

Núcleo Espírita Nosso Lar (São José/SC)

Fundado em 10 de outubro de 1986, também designado pela sigla NENL, atende cerca de 60 mil pacientes por ano, com problemas de saúde física, emocional e espiritual. Além de se dedicar às terapias de assistência emocional e de bem-estar físico, o NENL também se dedica à prestação de outros serviços, como os de ordem evangélica e educativa.

Em Florianópolis, o núcleo criou um centro de apoio para auxiliar e cuidar de pessoas com câncer e outras doenças degenerativas, chamado Centro de Apoio ao Paciente com Câncer (CAPC). O CAPC conta com profissionais voluntários que oferecem terapias complementares aos pacientes, como nutrição básica, massagem terapêutica e cromoterapia.

Além do time de voluntários, o NENL também conta com profissionais da saúde e colaboradores para serviços administrativos e técnicos, os quais são contratados segundo a legislação trabalhista. Para manter seus serviços, além do aporte financeiro mensal feito pelos seus mantenedores, a instituição conta com doações.

Conforme é possível perceber nos exemplos citados, as atividades filantrópicas ligadas ao espiritismo podem ser monumentais e envolver grande número de pessoas, dos mais diversos campos. Ainda assim, existem inúmeras instituições espalhadas pelo Brasil e pelo mundo que, embora mantidas com muito esforço pelos seus idealizadores, também representam alívio para o sofrimento na comunidade beneficiada. Onde há um núcleo espírita, ali se encontra um grupo de voluntários dedicados às causas sociais, procurando minorar as aflições das pessoas, não importando sua origem, raça ou religião.

São espíritas que abraçam a doutrina com fé e acreditam no poder da caridade para tornar o mundo melhor, conforme ensinou o Mestre ao dizer que a fé transporta montanhas.

6.3 Avanços nas pesquisas científicas que ampliam e comprovam os postulados espíritas

Para conhecermos pesquisas científicas que comprovam a veracidade dos postulados espíritas, basta compararmos o conteúdo de alguns livros psicografados, como os do Espírito André Luiz sobre a vida no mundo espiritual, com as descobertas da medicina, da biologia e da física dos nossos dias. Ele foi médico no Rio de Janeiro em sua última encarnação e, depois de algum tempo desencarnado, estudando e aprendendo no mundo espiritual, utilizou-se da mediunidade escrevente de Chico Xavier para relatar com detalhes o que acontece com os espíritos após a morte do corpo físico.

Entre 1944 e 1948, Chico Xavier psicografou muitas obras ditadas por André Luiz, as quais compõem uma série clássica de 13 livros: *Nosso Lar, Os mensageiros, Missionários da luz, Obreiros da vida eterna, No mundo maior, Libertação, Entre a terra e o céu, Nos domínios da mediunidade, Ação e reação, Evolução em dois mundos, Mecanismos da mediunidade, Sexo e destino* e *E a vida continua*.

Apenas para exemplificar assuntos que foram antecipados, no livro *Evolução em dois mundos*, André Luiz relata fatos que posteriormente foram comprovados por descobertas e experiências de cientistas em laboratório, como é o caso da interferência humana na determinação do sexo do embrião:

> P – Como devemos encarar a possibilidade de a ciência humana patrocinar a determinação do sexo no início da gestação?
>
> R – Compreendendo-se que nos vertebrados o desenho gonadal se reveste de potencialidades bissexuais no começo da formação, é claramente possível a intervenção da ciência terrestre na determinação do sexo, na primeira fase da vida embrionária; [...]. (Xavier, 1958, p. 205)

Observe que isso foi escrito em 1958, quando ainda não havia essa possibilidade confirmada – o que veio a ocorrer muitos anos depois, com os avanços da medicina. Como exemplo, podemos citar a pesquisa do biólogo e obstetra norte-americano Landrum B. Shettles (1909-2003) – pioneiro na fertilização *in vitro* –, que corrobora essa hipótese no livro *Como escolher o sexo do seu bebê*.

Há diversas obras espíritas sobre áreas que acompanham os avanços das ciências modernas, como a física quântica e a psicologia transpessoal – citadas aqui apenas como exemplo, sem excluir as demais áreas, especialmente os ramos da medicina e das engenharias. É o caso da física sobre o átomo e o espírito, explicado pela física quântica, uma corrente moderna em expansão e cujos conceitos em muito ampliam as ideias tradicionais. O pesquisador Oduvaldo Mansani de Mello, na obra *O átomo e o espírito – uma visão quântico-espírita*, após detalhadas explicações sobre o assunto, comparando conceitos de Allan Kardec e do Espírito André Luiz, sintetiza o seguinte:

> Registre-se que a Humanidade dispõe de dois conjuntos de leis para perceber como a natureza funciona: a Teoria da Relatividade para o macrocosmo e a Física Quântica para o microcosmo, na realidade são complementares e não antagônicas, enquanto a primeira se dedica à compreensão de tudo que funciona abaixo da velocidade da luz (local), a segunda explica tudo que "existe" acima da velocidade da luz, a não localidade, fora do espaço-tempo. Por isso sugere-se chamá-la de física multidimensional, por razões óbvias. (Mello, 2017, p. 67)

Há também as descobertas mediante experiências de quase morte (EQM), algumas realizadas em respeitáveis laboratórios. Essas experiências já haviam sido descritas por André Luiz nos idos de 1945 e, atualmente, são relatadas por eminentes figuras de universidades afamadas. Há ainda o "peso da alma", comprovado por cientistas em diferentes experiências.

Com relação à psicologia transpessoal, uma das correntes mais atuais de psicoterapia, o Espírito Joanna de Ângelis tem trazido, há muitos anos, obras que incentivam o autodescobrimento e a busca de sentido para a própria vida, ensinando que a reencarnação é bênção que o espírito não deve desperdiçar. São tantas as suas obras sobre o assunto que foi possível editar a *Série psicológica de Joanna de Ângelis*, com 16 volumes, recebida psicograficamente entre 1989 e 2014. Trata-se de um verdadeiro tratado que tem servido de fonte orientadora a muitos profissionais, além de ajudar os interessados em trazer para o cotidiano o exercício da máxima "conhece-te a ti mesmo".

Na introdução do livro produzido pelo Núcleo de Estudos Psicológicos Joanna de Ângelis, em funcionamento em Salvador, a própria mentora esclarece:

> Com muitíssima razão, o insigne filósofo grego Sócrates adotou o lema que encontrara no pórtico do santuário de Delfos, quando da sua visita àquele templo famoso: Conhece-te a ti mesmo, buscando vivê-lo em si mesmo, de imediato divulgando-o entre os seus discípulos e imortalizando-o como princípio formador da plenitude.
>
> Somente após o autoconhecimento é possível conhecer-se o próximo, entender-lhe as dificuldades e os padecimentos, desculpá-lo das agressões e até mesmo amá-lo.
>
> [...]
>
> Quando o indivíduo avança no rumo do conhecer-se a si mesmo, deve criar o hábito da reflexão antes de dormir, fazendo revisão mental dos seus atos do dia, a fim de corrigir aqueles que não

correspondem aos seus anseios de elevação, aprimorando-se naqueloutros que o auxiliam na ascese moral. (Franco, 2014, p. 23)

Como tivemos a oportunidade de demonstrar nesses dois exemplos, a doutrina espírita vem acompanhando o progresso das ciências numa busca incessante para atualizar seus postulados. À medida que surgem novas luzes, os princípios kardequianos são confrontados, comparados e, na maioria dos casos, confirmados. E os espíritas têm clara a orientação inicial de "acompanhar o progresso da ciência", conforme escreveu Kardec (2013a, p. 369):

> A época atual é de transição; confundem-se os elementos de duas gerações. Colocados no ponto intermédio, assistimos à partida de uma e à chegada da outra, já se assinalando cada uma, no mundo, pelos caracteres que lhe são peculiares.
>
> Têm ideias e pontos de vista opostos as duas gerações que se sucedem. Pela natureza das disposições morais, porém, sobretudo das disposições intuitivas e inatas, torna-se fácil distinguir a qual das duas pertence cada indivíduo. [...]

Observe que desde os idos do século XIX Kardec já afirmava que a sociedade atual é composta por seres de variados níveis evolutivos, sendo a maioria idealista, com poucos trabalhando com coragem e desejo do bem. Essa é uma característica da Terra, ainda um mundo de expiação e provas. Porém, "a época atual é de transição" (Kardec, 2013a, p. 369); por isso, devemos ter esperança de que caminhamos para a categoria de mundo de regeneração.

6.4 A terapia espírita

Tendo em vista o desejo de construção de um mundo melhor, as casas espíritas oferecem diferentes formas de atendimento para contribuir com a caridade universal. Essa é uma prática comum entre os adeptos, seja para cumprir o compromisso doutrinário de instruir todos que os procuram por meio de palestras públicas, evangelização infantil, mocidade espírita, grupos de estudos, cursos e eventos; seja desenvolvendo **ações sociais** voltadas à população carente de recursos materiais; seja voltando-se para a **assistência espiritual**.

A assistência espiritual, também entendida como **terapia espírita**, é realizada por meio de passes ou fluidoterapia, que é a transmissão de energias fluídicas, realizada individualmente ou de forma coletiva; e de reuniões mediúnicas, nas quais, intencionalmente, ocorre o intercâmbio entre os espíritos encarnados (médiuns) e os desencarnados.

Sobre o **passe**, há uma publicação da FEB que traz um estudo detalhado a respeito dessa "doação de energias físicas, mentais e espirituais" (Moura, 2016, p. 9), o qual explica como se dá a transmissão energética e os possíveis resultados de tal ação de amor fraterno:

> Em todas as épocas da Humanidade, ocorreram curas pela transfusão de forças magnéticas, independentemente do nome dado aos aplicadores de passe – feiticeiros, magos, profetas, bruxos, magnetizadores, médiuns – ou à energia transmitida: fluido animal, elétrico, vital ou magnético.
>
> [...]
>
> Assim, é suficiente às instituições espíritas disponibilizarem o passe a quem desejar recebê-lo, mas é preciso esclarecer que o processo de cura envolve ações mais complexas: algumas estão relacionadas à lei de causa e efeito, fator determinante de doenças e desequilíbrios; outras à capacidade do enfermo em beneficiar-se com o passe; assim como a capacidade ou força curadora de quem transmite a energia. (Moura, 2016, p. 14-15)

Com relação às **reuniões mediúnicas**, conforme esclarece Edson Tristão no livro *A terapia espírita pela reunião mediúnica*:

> Atualmente, muitas pessoas que procuram a Casa Espírita, com os mais variados sintomas, podem ser portadoras de sintonias espirituais. Estas, ao se manifestarem de forma persistente e pelo mesmo Espírito, são chamadas de processos obsessivos ou influenciação espiritual. Quando as reuniões mediúnicas trabalham com esse atendimento, transformam-se em um grande hospital, com procedimentos especializados, através da psicologia das palavras e afetividade do grupo no acolhimento dos espíritos sofredores. Regressões de memória, cirurgias espirituais, reencontros de antigos desafetos são alguns aspectos pacientemente abordados pelos grupos mediúnicos do plano físico e pelos trabalhadores e mentores desencarnados que coordenam a reunião, garantindo a segurança energética dos trabalhos, informando a origem do desequilíbrio dos espíritos envolvidos, além de sugerir a melhor forma de tratamento. (Tristão, 2017, p. 10)

Convém observar que quando se refere a "um grande hospital", o autor e todos aqueles que trabalham nas lides espíritas usam a expressão sem o sentido de substituir o tratamento médico ao qual a pessoa em desequilíbrio está submetida. Sempre as terapias espíritas são complementares. A primeira orientação é para que a pessoa procure ajuda ou, se for o caso, continue seu tratamento com profissionais de saúde.

Antes de ser aceita nas reuniões mediúnicas, é prática usual de quase todas as casas espíritas a pessoa necessitada passar pelo **atendimento fraterno**, no qual ela será ouvida. Suas queixas serão analisadas de acordo com os princípios da doutrina espírita e, se for preciso, poderá ser encaminhada para o atendimento espiritual.

A proposta das reuniões mediúnicas é cuidar dos "sintomas espirituais", e, para tanto, elas devem ser cuidadosamente preparadas, tanto no plano físico – equipe de médiuns, sob a direção de um coordenador experiente e um orientador paciente e amoroso – quanto no espiritual – mentor responsável pelo grupo e equipe de benfeitores. Seus objetivos são:

1. transmitir orientações doutrinárias e possibilitar experiências de crescimento espiritual aos médiuns e aos desencarnados;
2. demonstrar aos incrédulos a realidade espiritual e as consequências das ações equivocadas perante a lei de causa e efeito que liga os destinos;
3. esclarecer, consolar, socorrer e aliviar os espíritos aflitos por meio da ação benfazeja do intercâmbio entre os dois planos.

Outro aspecto muito relevante a ser considerado é a determinação evangélica: "Dai gratuitamente o que de graça recebestes" (Kardec, 2013c, p. 305). Jamais as terapias espíritas devem ser remuneradas, pois a mediunidade é um dom recebido sem investimento pecuniário e, portanto, poderá ser retirado a qualquer momento. Devemos lembrar do episódio dos mercadores expulsos do templo pelo Mestre Jesus, que condenou a cobrança pelo dom de curar.

6.5 Produção de obras psicografadas por Chico Xavier, Divaldo Pereira Franco e outros autores

Muitos livros espíritas rapidamente entram para o rol dos mais vendidos. Em 1989 foi feita uma pesquisa sobre a vasta literatura espírita, e nessa época já havia mais de 50 milhões de livros em circulação no Brasil – o mais vendido é *O Evangelho segundo o Espiritismo*, com 5.640.000 exemplares. Organizada e publicada por Allan Kardec, fruto de instruções de uma plêiade de espíritos superiores, sob a coordenação do Espírito de Verdade, a obra apresenta os principais ensinamentos da moral cristã, explicando-os sob o enfoque espírita. Nesse sentido, a obra demonstra as consequências da aplicação dessa moral em todas as situações de vida, visto que o aspecto moral do Evangelho constitui "o princípio básico de todas as relações sociais que se fundam na mais rigorosa justiça" (Kardec, 2013c, p. 17); e exige de cada Ser a reforma de si mesmo, propondo a fraternidade entre os homens e a paz entre as nações. Nela está reiteradamente expressa a convicção na justiça divina, que não castiga nem beneficia escolhidos; e que a existência humana, com suas alegrias e dores, é o reflexo de compromissos que o próprio indivíduo assumiu, por incúria ou por maldade, em existências anteriores.

Outra publicação entre as mais vendidas é *Nosso lar*, do Espírito André Luiz, psicografada por Chico Xavier. Nela, o autor relata a própria experiência e as condições de vida além-túmulo com os seguintes propósitos: comprovar a sobrevivência do espírito após a morte do corpo físico; demonstrar o relacionamento constante entre os dois planos da vida; descrever as atividades desenvolvidas intensamente no mundo espiritual; e alertar sobre a importância de cada Ser aproveitar a abençoada oportunidade da encarnação para evoluir na escala do progresso.

Além dessas obras – que são lições sobre a vida no além-túmulo e, até hoje, estão muito presentes nos estudos de grupos formados nas instituições espíritas –, André Luiz também é autor de muitas mensagens de orientação e bom ânimo inseridas em outras publicações. É vasta sua produção, e os temas que abordou apontam conceitos pouco compreendidos na época, mas confirmados por descobertas científicas recentes – daí o interesse constante em estudá-lo.

Não podemos deixar de citar o Espírito Emmanuel, mentor espiritual de Chico Xavier, que acompanhou o médium desde muito jovem, deixando grande legado de orientações para os espíritas, tanto em livros sobre temas específicos quanto em lúcidas mensagens. O próprio Chico Xavier, que desencarnou em 2002, informou, enquanto ainda vivia em Uberaba, que esse espírito já se encontra reencarnado no Brasil, onde deverá desempenhar missão nas lides espiritistas.

Faz parte da educação espírita, em qualquer etapa da vida, o permanente compromisso de instruir-se, tanto por autodidatismo quanto pela participação em grupos de estudo doutrinário. Em todos os seus núcleos – desde pequeninas células até instituições que congregam grande número de participantes –, além dos livros básicos de Allan Kardec, é prática comum o estudo sistematizado de obras de outros autores. Algumas são resultado de pesquisas e relatos de encarnados; outras são psicografadas, isto é, ditadas por espíritos desencarnados por meio de um médium psicógrafo.

Os livros espíritas, em sua maioria, reafirmam os princípios contidos na Codificação Kardequiana. A cada ano são lançados novos títulos, e muitos exemplares são comercializados devido ao hábito que os espíritas têm de estudar sempre. Alguns são romances que retratam as experiências vividas por espíritos em uma ou mais encarnações; outros são de cunho filosófico e moral e buscam explicar ou aprofundar conceitos e o sentido da vida; e ainda há aqueles que trazem mensagens de estímulo à manutenção da fé e se constituem em chamamentos para o despertar da verdadeira religiosidade.

São muitos os médiuns que apresentam esse tipo de mediunidade, a psicografia. A seguir destacamos apenas alguns, de épocas diferentes, que têm contribuído significativamente para a divulgação do espiritismo. Nossa escolha se deve ao farto material que produziram ou ainda produzem, com absoluta fidelidade aos princípios doutrinários, possibilitando a expansão dos conhecimentos da doutrina ao trazê-los em novas roupagens, por meio de novas linguagens.

Chico Xavier (1910-2002)

Mineiro de Pedro Leopoldo, Chico Xavier viveu em Uberaba, trabalhando como vendedor e datilógrafo. Levou uma vida muito simples, totalmente dedicada ao espiritismo. Sua mediunidade manifestou-se quando ainda era uma criança órfã, que via sua mãe desencarnada e com ela conversava. Vivendo apenas para fazer o bem, psicografou mais de 450 obras de espíritos diversos, sendo considerado, por isso, um dos mais profícuos autores brasileiros. Jamais usufruiu dos direitos autorais de seus livros, que doou a obras sociais. Conhecido e admirado no mundo inteiro, chegou a ser indicado ao Prêmio Nobel da Paz em 1981 e 1982.

Muito amado por pessoas das mais diversas religiões, as quais acolhia com afeto e bondade, psicografou milhares de cartas de espíritos que desejavam dar notícias aos seus parentes encarnados. Voltou para a pátria espiritual em 2002, no dia em que o Brasil comemorava mais um título de campeão da Copa do Mundo de Futebol. Seu mentor foi o Espírito Emmanuel.

Divaldo Pereira Franco (1927-)

Baiano com mais de 90 anos, Divaldo nasceu em Feira de Santana em 1927. Sua família era católica, mas em razão do afloramento precoce de sua mediunidade, ainda na juventude ele se tornou espírita. Hoje é considerado o maior orador espírita do Brasil, incansável na divulgação do espiritismo pelo mundo. Com apenas 20 anos, fundou o Centro Espírita Caminho da Redenção e a Mansão do Caminho, que continua em atividade, cada vez mais pujante – conforme demonstramos anteriormente.

> A sua persistência no labor mediúnico, na dedicação aos mais carentes, tanto de pão como de luz, acende uma nova chama de fé e de esperança no coração do mundo. Já psicografou mais de 200 obras e os livros vendidos já alcançaram a alta cifra de mais de sete milhões de exemplares, dos quais 104 títulos já foram

traduzidos para 16 idiomas. As suas obras vão surgindo como estrelas luminíferas apontando caminhos felizes. Desde o ano de 1947 vem proferindo conferências no Brasil e no Exterior, onde já esteve em mais de sessenta países dos cinco continentes, realizando até agora mais de 12.000 palestras. (Mansão do Caminho, 2019)

Divaldo é amado por todos os espíritas e arrasta multidões em todos os locais onde profere palestras, seja sobre assuntos atuais, seja revisitando temas da doutrina espírita, sempre atualizados e coerentes com as inovações que surgem. Sua mentora é o Espírito Joanna de Ângelis.

Yvonne do Amaral Pereira (1900-1984)

Nascida em Rio das Flores/RJ, Yvonne foi uma médium de cura, receitista e psicógrafa. Autodidata, foi brilhante oradora e muito atuante na seara espírita desde a juventude. Psicografou muitas obras, com especial destaque para os romances, cujas narrativas apresentam a saga de espíritos em mais de uma encarnação, mostrando seus esforços para a ascensão. Uma das obras mais vendidas ainda é *Memórias de um Suicida*, um dos clássicos do espiritismo, que traz explicações detalhadas sobre a vida após a morte e as consequências do suicídio para seu autor. Também produziu livros de grande valor, com orientações sobre os princípios doutrinários. Seu mentor foi o Espírito Charles.

Cairbar de Souza Schutel (1868-1938)

Nascido no Rio de Janeiro, Cairbar foi farmacêutico, político e médium. Viveu em Matão/SP, onde fundou o Centro Espírita Amantes da Pobreza, o jornal *O Clarim*, a editora O Clarim e a *Revista Internacional de Espiritismo* (RIE), que circulou de 1925 a 1938. Foi um dos maiores vultos do espiritismo no Brasil. Dedicou sua vida inteiramente à doutrina e enfrentou muitas perseguições por trabalhar na sua divulgação por meio do rádio, fato bastante importante à sua época. É considerado o "bandeirante do espiritismo".

Apresentamos apenas algumas referências da literatura espírita, produzida por autores considerados modernos apóstolos da fraternidade e do progresso. Suas produções literárias, vendidas em grande quantidade, geralmente têm os direitos autorais cedidos a instituições filantrópicas, de assistência social, educação ou promoção humana. As ações dessas organizações são sustentadas com o produto dos livros, nada ficando para os autores. Fazemos essa observação com o intuito de chamar sua atenção para que a comprove pessoalmente.

6.6 O espiritismo e o diálogo entre as religiões

O povo brasileiro é conhecido pela sua religiosidade inata. Se consultarmos nossa história, podemos constatar que ela registra múltiplas tradições religiosas. De maneira geral, as crenças se misturam em verdadeiro sincretismo – o que é aceito como natural, na maioria das vezes –, e isso possibilita a convivência entre as diferentes religiões. Salvo raras exceções, são poucas as notícias sobre fatos relacionados ao preconceito religioso ou ao orgulho de crença, mesmo entre as religiões não cristãs, bastante difundidas em nosso país.

Não vamos nos estender sobre cada uma delas, pois esse não é o objeto deste estudo, mas podemos afirmar que a liberdade de crença é uma realidade brasileira, felizmente; ou seja, há a aceitação, a tolerância e o respeito à diversidade de religiões. Embora cada uma delas tenha artigos de fé bem definidos, existe um que é comum a todas: o amor a Deus e ao próximo, traduzido como prática do bem – a verdadeira fraternidade.

O espiritismo incentiva a participação efetiva dos espíritas no rompimento de barreiras e de preconceitos de fé, orientando os adeptos a fazerem o bem sem olhar a quem; isto é, a fé tem que ser ativa, fazer a diferença na construção de um mundo melhor. Desde seu surgimento, a doutrina espírita prega a harmonia e a comunhão de sentimentos, recebendo todos os que a procuram para obter esclarecimentos sobre a origem e o destino do Ser, sem tentar obrigar que se convertam ou aceitem seus princípios.

> **IMPORTANTE!**
>
> O espiritismo prega a **fé raciocinada**, que explica com clareza as leis naturais e morais, única forma de evitar o fanatismo e de tornar a **fé inabalável**, porque a tentativa de impor dogmas e mistérios conduz o indivíduo à descrença.
>
> A formação espírita ensina que Deus é justo e, como tal, cria todos os seus filhos dotados da mesma capacidade de progredir. Em princípio, todos são iguais; as diferenças se devem ao degrau evolutivo em que cada espírito se encontra.

Quando se depara com críticas ou incompreensão, o espírita abre mão da violência e de revides, insistindo para que tudo seja submetido à razão, pois cada um tem suas opiniões e interesses. Assim, ele repudia a fé cega por considerá-la incompatível com o desenvolvimento da inteligência, pois "para crer, não basta **ver**, é preciso, sobretudo, **compreender. A fé cega já não é deste século**" (Kardec, 2013c, p. 256, grifo nosso). Contudo, o espírita tem a certeza de que o exemplo de amor e respeito, de compreensão e tolerância, precisa ser um exercício constante.

> **PENSE A RESPEITO**
>
> Vamos analisar a seguir a parábola do bom samaritano, que Jesus utilizou para responder ao doutor da lei que tentou confundi-lo perguntando sobre o que fazer para alcançar a vida eterna:
>
> > Um homem, que descia de Jerusalém para Jericó, caiu em poder de ladrões, que o despojaram, cobriram de ferimentos e se foram,

deixando-o semimorto. Aconteceu em seguida que um sacerdote, descendo pelo mesmo caminho, o viu e passou adiante. Um levita, que também veio àquele lugar, tendo-o observado, passou igualmente adiante. Mas um samaritano que viajava, chegando ao lugar onde jazia aquele homem e tendo-o visto, foi tocado de compaixão. Aproximou-se dele, deitou-lhe óleo e vinho nas feridas e as pensou; depois, pondo-o no seu cavalo, levou-o a uma hospedaria e cuidou dele. No dia seguinte, tirou dois denários e os deu ao hospedeiro, dizendo: "Trata muito bem deste homem e tudo o que despenderes a mais, eu te pagarei quando regressar."

"Qual desses três te parece ter sido o próximo daquele que caíra em poder dos ladrões?" — o doutor respondeu: "Aquele que usou de misericórdia para com ele."

"Então, vai", diz Jesus, "e faze o mesmo." (Lucas, 10,25-37, citado por Kardec, 2013c, p. 208-209)

O que o Mestre quer nos dizer com esse pequeno exemplo? Que precisamos praticar a caridade, que para o espírito se salvar (salvação no sentido de progresso espiritual) ele deverá cumprir o mandamento maior, a caridade, colocando em prática a lei do amor, independentemente de sua condição material, intelectual ou religiosa. Calligaris (2016, p. 62, grifo do original) vai mais a fundo na explicação sobre o tema:

Notemos agora que – e isso é de suma importância – em sua resposta, Jesus não disse, absolutamente, que havia uma "predestinação eterna", isto é, "uma providência especial, que assegura aos **eleitos** graças eficazes para lhes fazer alcançar, **infalivelmente**, a glória eterna"; também não falou que havia uma "salvação pela graça, mediante a fé; tampouco indicou como processo salvacionista a filiação a esta ou àquela igreja; assim como não cogitou de saber qual a ideia que o outro fazia dele, se o considerava Deus ou não.

No caso, o samaritano, que pertencia a uma classe desprezada pelos judeus ortodoxos, teria mais chances à salvação do que o respeitado sacerdote e o levita. Isso quer dizer que o que conta não são os dogmas de fé ou o conhecimento teórico sobre uma religião; valem mesmo os bons sentimentos e a prática do amor ao próximo.

Assim, a proposta da doutrina espírita é a convivência respeitosa e pacífica entre as religiões. Nesse sentido, ela aplaude todas as iniciativas religiosas que representam melhoria para a sociedade, sem questionar de qual religião provêm; valoriza as ações solidárias de todas elas; e reconhece a importância dos seus líderes quando estes se voltam para as questões de valorização da vida e da dignidade humana. Seus adeptos estão sempre prontos para ser parceiros de todas as iniciativas que visem trazer de volta a pureza e a simplicidade dos ensinamentos de Jesus, considerando-o a maior expressão religiosa de todos os tempos. Sem templos, sem altares, sem imagens ou rituais, nem sacerdócio organizado, os espíritas estão sempre disponíveis para colaborar com o enriquecimento moral dos espíritos imortais, onde quer que eles estejam.

Para o espiritismo e seus adeptos (os espíritas ou espiritistas verdadeiros), a única alternativa para se encontrar o sentido da vida humana e ter o Reino dos Céus dentro de si é ser fiel à proposta de Jesus, o doce Rabi da Galileia, colocando em prática o amor em sua expressão mais ampla, que é a caridade:

> O espiritismo é a nossa escola, a nossa oficina, é o nosso hospital, nosso santuário e também nosso lar. O lar da **fraternidade universal**, onde todos nos encontramos para demonstrar que é possível viver em sociedade, sem agressividade; que é possível viver-se fraternalmente, sem estarmos a ferir-nos uns aos outros, e, quando isso acontecer, a tolerância virá em nosso socorro [...]. (Franco, 2012, p. 23, grifo nosso)

Não importa o nome da religião que escolhemos, e sim nos sentirmos ligados a Deus, essa força superior que tudo cria e a tudo governa. Aí estão a tão almejada felicidade e a verdadeira religião.

Síntese

Neste capítulo, apresentamos:
- o crescimento e a organização do espiritismo no Brasil;
- o espiritismo como uma herança francesa que se desenvolveu bastante no Brasil;
- os principais líderes e trabalhadores espíritas que praticam a moral espírita cristã;
- como se organizam os grupos para cumprir sua missão, evoluindo das manifestações físicas, com o movimento das mesas, para o envolvimento com as mais graves questões da ordem social;
- a caridade como dever moral dos espíritas, praticado por meio do serviço voluntário em diferentes áreas de vulnerabilidade social e de ações sociais relevantes;
- de que maneira algumas obras psicografadas comprovaram cientificamente a existência do plano espiritual;
- a terapia espírita por meio de atendimento fraterno, passes e reuniões mediúnicas como complemento às terapias convencionais de saúde, com o propósito de aliviar os sofrimentos e solucionar casos de influenciação espiritual;
- a vasta produção da literatura espírita, às vezes recebida psicograficamente por apóstolos da fraternidade e do progresso;
- a liberdade de crença: a participação efetiva dos espíritas no rompimento de barreiras e preconceitos de fé, mediante o diálogo com os princípios comuns a todas as religiões: o amor a Deus e a prática do bem.

Indicações Culturais

Neste capítulo, descrevemos de forma bastante resumida as ações de três instituições que prestam relevantes serviços às suas comunidades: Mansão do Caminho, Casas André Luiz e Núcleo Espírita Nosso Lar. Porém, julgamos necessário que, para completar tais informações, você acesse:

MANSÃO DO CAMINHO. Disponível em: <http:www.mansaodocaminho.com.br>. Acesso em: 30 jan. 2019.

CASAS ANDRÉ LUIZ. Disponível em: <http://www.casasandreluiz.org.br/>. Acesso em: 30 jan. 2019.

NENL – Núcleo Espírita Nosso Lar. Disponível em: <http://www2.nenossolar.com.br/nenl/>. Acesso em: 30 jan. 2019.

Atividades de autoavaliação

1. Considerando as atividades da Federação Espírita Brasileira (FEB), iniciadas em 1º de janeiro de 1884, pelo 1º presidente Francisco Raymundo Ewerton Quadros, cuja continuidade, mesmo enfrentando alguns percalços, chega a mais de um século, podemos concluir que suas finalidades ainda perduram em relação:

    i. ao estudo, à prática e à difusão do espiritismo em todos os aspectos, com base nas obras de Allan Kardec, as quais constituem a Codificação Espírita.

    ii. às atividades destinadas à prática da caridade espiritual, moral e material, dentro dos princípios doutrinários.

    iii. à unificação do movimento espírita nacional, com a união solidária das sociedades espíritas.

    iv. à atualização constante, seguindo os princípios e diretrizes da obra de Kardec e de outras que lhe são complementares e subsidiárias.

Analisando essas assertivas, é correto afirmar que:
A) todas as assertivas são verdadeiras.
B) a I é falsa e as demais são verdadeiras.
C) a III e a IV são falsas.
D) a II e a IV são verdadeiras.
E) a I e a III são verdadeiras.

2. Faça a associação entre as diretrizes sobre a organização do trabalho na seara espírita e os conceitos correspondentes.
   I. Espiritizar
   II. Qualificar
   III. Humanizar

   [ ] Representa a necessidade de o trabalhador colocar-se no lugar do outro, sendo tolerante e aceitando-o como se apresenta, sem a pretensão de torná-lo aquilo que considera melhor.
   [ ] Significa para o trabalhador engajar-se nas lides da casa espírita, esforçando-se para instruir-se, conhecer a doutrina e aplicar seus preceitos éticos e morais a si mesmo.
   [ ] Significa adquirir a consciência espírita, ou seja, alcançar o conhecimento doutrinário e aplicá-lo na vida diária desde pequenas ações do cotidiano pessoal, familiar e profissional, pois sem a prática ele se torna letra morta, apenas um verniz de cultura espírita.

   Assinale a alternativa que apresenta a sequência correta.
   A) III, II e I.
   B) II, I e III.
   C) I, III e II.
   D) II, III e I.
   E) I, II e III.

3. Sobre o lema do espiritismo, "Fora da caridade não há salvação", é **incorreto** afirmar que ele está sendo cumprido:
   A] pela, assistência volutária para minorar a aflição das pessoas.
   B] pelo atendimento a pessoas com deficiências e idosos.
   C] pelo atendimento apenas daqueles que se filiam aos núcleos espíritas.
   D] pela assistência espiritual realizada por grupos de voluntários.
   E] pelo serviço voluntário em diferentes áreas de vulnerabilidade social.

4. Com relação às terapias espíritas, analise os itens a seguir.
   I. São procedimentos especializados na área da saúde e da psicologia.
   II. São passes que transmitem energias fluídicas.
   III. São reuniões mediúnicas de intercâmbio entre médiuns e espíritos.
   IV. São atendimentos fraternos para se ouvir queixas, as quais serão analisadas de acordo com a doutrina espírita.

   Está correto apenas o que se afirma em:
   A] I, III e IV.
   B] I e IV.
   C] I, II e IV.
   D] II e IV.
   E] II, III e IV.

5. Sobre os posicionamentos e crenças da doutrina espírita, assinale a alternativa **incorreta**.
   A] Incentivo à participação efetiva das pessoas no rompimento de barreiras e preconceitos de fé.
   B] Crença inabalável, pautada em símbolos e rituais claramente estabelecidos.

c) Prática da caridade para se obter a salvação (progresso espiritual).
d) Convivência respeitosa e pacífica entre as religiões.
e) Reconhecimento de todas as iniciativas religiosas que representem melhoria para a sociedade, sem questionar de qual religião provêm.

Atividades de aprendizagem

Questões para reflexão

1. Leia o texto a seguir, psicografado pelo médico e médium Andrei Moreira, de Minas Gerais, cujo autor é o Espírito Dias da Cruz. Em seguida, associe o texto ao conteúdo estudado neste capítulo.

O Corpo: Templo da Alma

O corpo físico é o templo abençoado do espírito que o abriga em jornada passageira de experiências e lutas.

Cuida de tua evolução moral, renovando as matrizes do pensamento e do sentimento, mas não olvides o cuidado com o corpo que te serve como abnegado veículo de expressão. Por meio dele, suas experiências se dilatam ou restringem no caminho do progresso.

Tudo que ocorre no físico tem repercussão no psiquismo e na vida espiritual. Dessa forma, a saúde orgânica é estímulo de benefícios também espirituais.

Honra o vaso sagrado que te acolhe, preenchendo-o de conteúdo também sagrado dos teus cuidados e construções espirituais, e encontrarás a base segura para a saúde do corpo e da alma.

Fonte: Moreira, 2014, p. 20.

2. De que maneira o espiritismo encara as demais religiões?

Atividades aplicadas: prática

1. Identifique em sua cidade quantas instituições filantrópicas há e quais são os serviços que elas prestam. Com base nesse levantamento, escolha uma delas para visitar e elenque que tipo de ações podem ser realizadas ali.

2. Procure informações em artigos científicos, *sites* e blogs sobre casos comprovados de Experiências de Quase Morte (EQM). Escreva suas conclusões e compartilhe-as com seus colegas.

CONSIDERAÇÕES FINAIS

O espiritismo tem uma história relativamente recente. Porém, em pouco mais de 160 anos, já contribuiu muito tanto para a melhoria dos indivíduos quanto da sociedade. É por meio da concretização do lema "Fora da caridade não há salvação" que se pode avaliar o nível de comprometimento de seus adeptos com a própria religiosidade, que vai além de uma denominação de crença. O mesmo também vale para o trabalho cristão, que compreende que a força para o bem e para o progresso está no interior de cada indivíduo, ainda que ele não se considere religioso.

Ao longo deste livro, procuramos demonstrar, com absoluta fidelidade às propostas de Allan Kardec, a trajetória da doutrina espírita, seus fundamentos e suas práticas. Reiteramos, muitas vezes, que ser espírita significa:

- instruir-se sempre para que sua fé seja raciocinada, afastando-se de dogmas, rituais e preconceitos de qualquer ordem;
- esforçar-se na busca do autoconhecimento, conscientizando-se sobre a necessidade de reforma interior para modificar as más tendências;
- trilhar o caminho com Jesus, encontrando o verdadeiro sentido da vida no esforço para conquistar o progresso espiritual.

Acreditamos que os textos apresentados tenham contribuído para a compreensão de que "o Espiritismo é uma doutrina filosófica de efeitos religiosos, como qualquer filosofia espiritualista, pelo que forçosamente vai ter às bases fundamentais de todas as religiões: Deus, a alma e a vida futura" (Kardec, 2017, p. 211). Também esperamos ter esclarecido que o espiritismo não constrói igrejas nem tem rituais, visto que o sacerdócio é exercido pelos espíritas verdadeiros, que colocam em prática o amor ao próximo na sua expressão mais ampla, que é a caridade. São aqueles que, quando chamados pelo Mestre, respondem: "Senhor, pode confiar em mim".

Conforme buscamos elucidar, importa para a doutrina espírita a aprendizagem da convivência promovida pelas relações sociais e interpessoais, no contexto da diversidade, visando à construção de uma sociedade mais justa e democrática

Gostaríamos de ponderar, por fim, que não tivemos a pretensão de esgotar o assunto, mas esperamos ter mostrado que todos os espíritos chegam à Terra para se tornarem melhores. Isso não exige apenas o saber formal; depende também da sensibilidade para amar e contribuir com a implantação do Reino de Deus entre nós, com Jesus e por Jesus.

REFERÊNCIAS

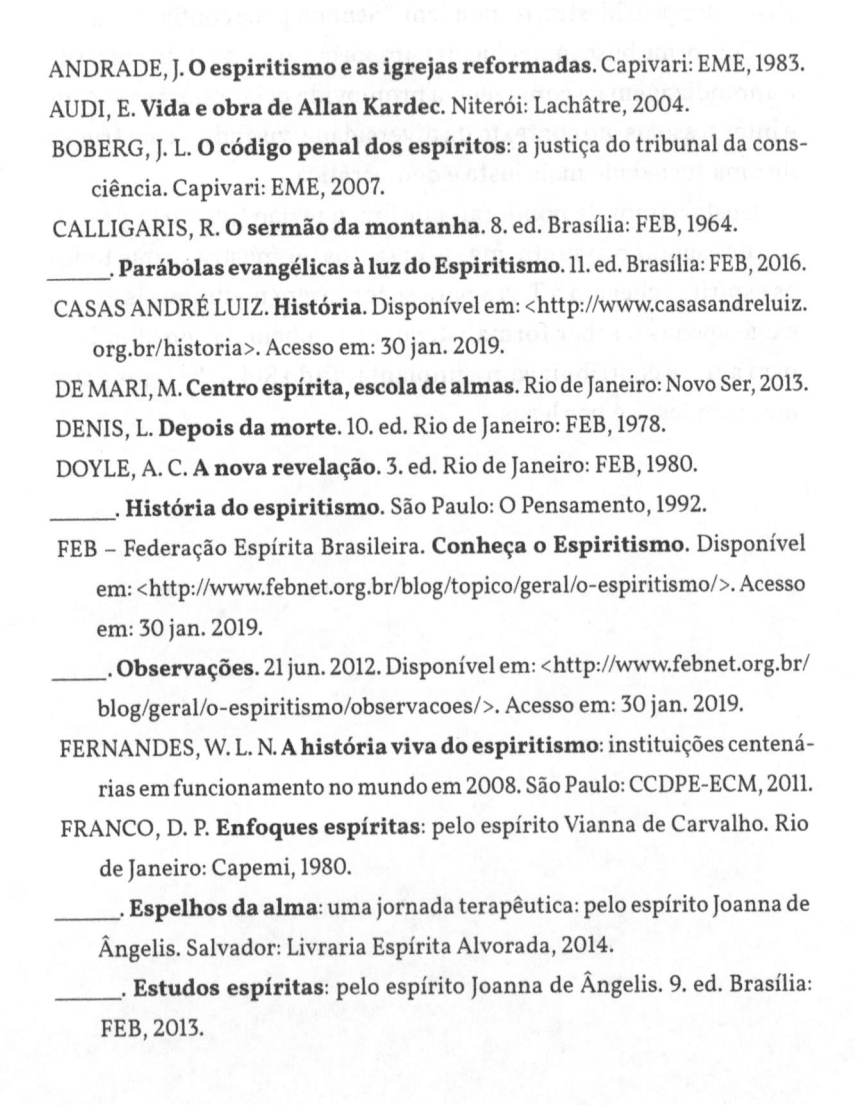

ANDRADE, J. **O espiritismo e as igrejas reformadas.** Capivari: EME, 1983.

AUDI, E. **Vida e obra de Allan Kardec.** Niterói: Lachâtre, 2004.

BOBERG, J. L. **O código penal dos espíritos**: a justiça do tribunal da consciência. Capivari: EME, 2007.

CALLIGARIS, R. **O sermão da montanha.** 8. ed. Brasília: FEB, 1964.

_____. **Parábolas evangélicas à luz do Espiritismo.** 11. ed. Brasília: FEB, 2016.

CASAS ANDRÉ LUIZ. **História.** Disponível em: <http://www.casasandreluiz.org.br/historia>. Acesso em: 30 jan. 2019.

DE MARI, M. **Centro espírita, escola de almas.** Rio de Janeiro: Novo Ser, 2013.

DENIS, L. **Depois da morte.** 10. ed. Rio de Janeiro: FEB, 1978.

DOYLE, A. C. **A nova revelação.** 3. ed. Rio de Janeiro: FEB, 1980.

_____. **História do espiritismo.** São Paulo: O Pensamento, 1992.

FEB – Federação Espírita Brasileira. **Conheça o Espiritismo.** Disponível em: <http://www.febnet.org.br/blog/topico/geral/o-espiritismo/>. Acesso em: 30 jan. 2019.

_____. **Observações.** 21 jun. 2012. Disponível em: <http://www.febnet.org.br/blog/geral/o-espiritismo/observacoes/>. Acesso em: 30 jan. 2019.

FERNANDES, W. L. N. **A história viva do espiritismo**: instituições centenárias em funcionamento no mundo em 2008. São Paulo: CCDPE-ECM, 2011.

FRANCO, D. P. **Enfoques espíritas**: pelo espírito Vianna de Carvalho. Rio de Janeiro: Capemi, 1980.

_____. **Espelhos da alma**: uma jornada terapêutica: pelo espírito Joanna de Ângelis. Salvador: Livraria Espírita Alvorada, 2014.

_____. **Estudos espíritas**: pelo espírito Joanna de Ângelis. 9. ed. Brasília: FEB, 2013.

FRANCO, D. P. **Novos rumos para o Centro Espírita**. 2. ed. Salvador: Livraria Espírita Alvorada, 2012.

_____. **Pelos caminhos de Jesus**: pelo espírito Amélia Rodrigues. Salvador: Livraria Espírita Alvorada, 1988.

_____. **Reencontro com a vida**: pelo espírito Manoel Philomeno de Miranda. Salvador: Livraria Espírita Alvorada, 2006..

_____. **Trigo de Deus**: pelo espírito Amélia Rodrigues. Salvador: Livraria Espírita Alvorada, 1993.

GODOY, P. A. **As maravilhosas parábolas de Jesus**. 3. ed. São Paulo: FEESP, 1983.

KARDEC, A. **A Gênese**: os Milagres e as Predições Segundo o Espiritismo. 53. ed. Brasília: FEB, 2013a.

_____. **A prece segundo o Evangelho**. Brasília: FEB, 2016a.

_____. **O Céu e o Inferno ou a Justiça Divina Segundo o Espiritismo**. Brasília: FEB, 2013b.

_____. **O Evangelho Segundo o Espiritismo**. Brasília: FEB, 2013c.

_____. **O Livro dos Espíritos**. 2. ed. Brasília: FEB, 2013d.

_____. **O Livro dos Médiuns ou Guia dos Médiuns e dos Evocadores**. Brasília: FEB, 2016b.

_____. **O que é o Espiritismo**: introdução ao conhecimento do mundo invisível, pelas manifestações dos espíritos. Brasília: FEB, 2016c.

_____. **Obras póstumas**. 16. ed. São Paulo: Lake, 2017.

MANSÃO DO CAMINHO. **Apresentação**. Disponível em: <http:www.mansaodocaminho.com.br/mansao/apresentacao/>. Acesso em: 30 jan. 2019a.

_____. **Grupo Lygia Banhos**. Disponível em: <http://www.mansaodocaminho.com.br/mansao/grupo-lygia-banhos/>. Acesso em: 30 jan. 2019b.

MELLO, O. M. de. **O átomo e o espírito**: uma visão quântico-espírita. Curitiba: Autores Paranaenses, 2017.

MOREIRA, A. **Pílulas de esperança**: pelo espírito Dias da Cruz. Belo Horizonte: AME, 2014.

MOURA, M. A. de (Coord.). **O atendimento espiritual pelo passe**. Brasília: FEB, 2016.

NÚCLEO Espírita Nosso Lar (NENL): uma comunidade filosófica, científica e religiosa. **Eu Sem Fronteiras.** Disponível em: <https://www.eusem fronteiras.com.br/nucleo-espirita-nosso-lar-nenl-uma-comunidade-filosofica-cientifica-e-religiosa/>. Acesso em: 30 jan. 2019.

PAULA, P. C. de. **Histórias, fatos e parábolas do Evangelho de Jesus.** Araguari: Minas, 2001. v. II.

PIRES, J. H. **Agonia das religiões.** 3. ed. São Paulo: Paidéia, 1989.

RIGONATTI, E. **O Livro dos Espíritos para a juventude.** São Paulo: O Pensamento, 1986.

ROCHA, A. de S. **Bem-aventurados os que oram.** Matão: O Clarim, 1993.

SCHUTEL, C. **Parábolas e ensinos de Jesus.** 13. ed. Matão: O Clarim, 1993.

SOCIEDADE BÍBLICA TRINITARIANA DO BRASIL. **Novo Testamento** – texto bíblico. Campinas: Gráfica da Bíblia, 2015.

TEIXEIRA, R. **Justiça e amor:** pelo espírito Camilo. 2. ed. Niterói: Frater, 1997.

TRISTÃO, E. (Org.). **A terapia espírita pela reunião mediúnica:** 36 anos de estudos com os espíritos. Curitiba: Centro Espírita Luz da Caridade, 2017.

VINÍCIUS. **Em torno do mestre.** 6. ed. Brasília: FEB, 1991.

WANTUIL, Z. (Org.). **Grandes espíritas do Brasil.** Brasília: FEB, 1990.

WANTUIL, Z. E.; THIESEN, F. **Allan Kardec:** o educador e o codificador. Rio de Janeiro: FEB, 2004a. v. I.

_____. **Allan Kardec:** o educador e o codificador. Rio de Janeiro: FEB, 2004b. v. II.

_____. **Amor e verdade:** por espíritos diversos. São Paulo: Ideal, 2001.

XAVIER, F. C. **Evolução em dois mundos:** pelo espírito André Luiz. 5. ed. Rio de Janeiro: FEB, 1958.

BIBLIOGRAFIA COMENTADA

KARDEC, A. **O Livro dos Espíritos**. 2. ed. Brasília: FEB, 2013.
Livro de filosofia espiritualista que aborda os princípios da doutrina espírita, como a imortalidade da alma, a existência de Deus, a comunicabilidade dos espíritos e a pluralidade de existências e de mundos habitados. Publicado originalmente em abril de 1857.

KARDEC, A. **O Livro dos Médiuns ou Guia dos Médiuns e dos Evocadores**. Brasília: FEB, 2016.
Com uma abordagem experimental, esse livro dá prosseguimento à obra *O Livro dos Espíritos*. Trata-se de um guia para o exercício da mediunidade que esclarece questões como as dificuldades que podem ser encontradas ao se trilhar esse caminho, de que maneira é possível desenvolver a mediunidade e quais são meios de comunicação com o mundo invisível. Publicado originalmente em janeiro de 1861.

KARDEC, A. **O Evangelho Segundo o Espiritismo**. Brasília: FEB, 2013.
Essa obra relaciona as máximas morais de Cristo ao espiritismo, tendo em vista sua aplicabilidade às diversas circunstâncias da vida. Nela, apresenta-se a elevada moral cristã por meio de explicações dos espíritos superiores. Trata-se de um verdadeiro código de conduta para os espíritas cristãos, que sempre devem buscar o progresso espiritual. Publicado originalmente em abril de 1864.

KARDEC, A. **O Céu e o Inferno ou Justiça Divina Segundo o Espiritismo**. Brasília: FEB, 2013.
Essa obra apresenta um exame comparado do espiritismo com outras doutrinas sobre temas como a passagem da vida corporal à vida espiritual, os anjos e demônios e as penas, seguido de numerosos exemplos acerca da situação real da alma durante e depois da morte. Publicado originalmente em agosto de 1865.

KARDEC, A. **A gênese**: Os Milagres e as Predições Segundo o Espiritismo. 53. ed. Brasília: FEB, 2013.
Essa obra é o resultado do ensino coletivo e concorde dos espíritos. Nela, a ciência é chamada a constituir a gênese segundo as leis da natureza. Para isso, Kardec aborda as teorias sobre a Criação; esclarece a imutabilidade das leis divinas que regem o Universo (matéria e espírito); e interpreta com lógica e racionalidade os milagres e as predições do Evangelho. Publicado originalmente em janeiro de 1868.

RESPOSTAS

Capítulo 1
1. c
2. d
3. e
4. c
5. b

Capítulo 2
1. c
2. d
3. c
4. b
5. c

Capítulo 3
1. e
2. a
3. c
4. b
5. d

Capítulo 4
1. a
2. e
3. b
4. d
5. c

Capítulo 5
1. d
2. a
3. c
4. d
5. d

Capítulo 6
1. a
2. d
3. c
4. e
5. b

SOBRE A AUTORA

Naura Nanci Muniz Santos é mestra em Ciências da Educação pela Universidade Internacional de Lisboa (2005). É especialista em Psicopedagogia (2014) e em Gestão de Ensino a Distância (2009) pelas Faculdades Integradas Camões (2014), em Educação Pré-Escolar pela Pontifícia Universidade Católica do Paraná (PUCPR - 1997) e em Gestão do Trabalho Pedagógico pelo Centro Universitário Positivo (Unicenp – 2000). É licenciada em Pedagogia (1983) e bacharel em Psicologia (1990) pela Universidade Tuiuti do Paraná.

Foi conselheira titular do Conselho Estadual de Educação do Paraná durante 12 anos, presidindo as Câmaras de Legislação e Normas e de Planejamento. Foi presidente do Sindicato das Escolas Particulares do Paraná (Sinepe/PR) – gestão 1989-1992. Atuou como diretora acadêmica das Faculdades Integradas Camões durante oito anos e da Faculdade Padre João Bagozzi durante quatro anos. Foi proprietária e diretora do Centro de Educação Infantil Tutuca, em Curitiba/PR, de 1975 a 2005.

Atualmente, trabalha como docente em cursos de graduação e pós-graduação, presenciais e a distância, nas disciplinas de Legislação Educacional Brasileira, Gestão Escolar, Currículo e Prática, Educação Infantil e Educação Inclusiva. Além disso, presta consultoria para elaboração de projetos de credenciamento e autorização de cursos para instituições de ensino e atua como palestrante convidada e como psicopedagoga clínica.

Os papéis utilizados neste livro, certificados por
instituições ambientais competentes, são recicláveis,
provenientes de fontes renováveis e, portanto, um meio
sustentável e natural de informação e conhecimento.

FSC
www.fsc.org
MISTO
Papel produzido
a partir de
fontes responsáveis
FSC® C057341

Impressão: Log&Print Gráfica e Logística S.A.
Dezembro/2021